« Floréal »

Collection dirigée par

Gilles Ragache

Du même auteur :

Une épidémie de peste à Lyon au XVIIe siècle,
(Les albums du Crocodile, 1965).
Lyon malade de la peste, (Sofédir, 1981).

Si vous souhaitez être tenu au courant de nos publications,
il vous suffit d'envoyer vos nom et adresse
aux Éditions Aubier Montaigne, 13, quai de Conti, 75006 Paris.

ISBN 2-7007-0392-8
ISSN 0293-7476

Monique Lucenet

Les grandes pestes en France

Aubier

Prima pars operū
Johannis Gerson

Les légendes des illustrations sont regroupées dans une *Table*, p. 281.

INTRODUCTION

La peste dans la mémoire collective

La peste choisit souvent un beau jour de printemps pour se manifester, au moment précis où le chèvrefeuille embaume, où le vent bruit dans les arbres qu'il effleure de sa caresse. Tandis que le voile de la nuit se rompt dans le silence, que l'aube claire et rose apparaît, accueillie par les chants d'oiseaux, la peste sombre, hideuse s'insinue dans ce monde parfait pour le détruire brutalement, tragiquement. C'est ainsi que nous l'imaginons, ce noir cauchemar des siècles antérieurs fixé au plus profond de notre inconscient collectif. La peste, mal absolu, suggère l'anéantissement de l'individu et de la société. La mémoire de notre pays conserve son souvenir dans le langage et les arts contemporains. Plusieurs expressions péjoratives ont figé ce monstre comme étant contagieux « fuir quelqu'un comme la peste », foudroyant « se prendre comme la peste », pervers « mauvais comme la peste », rendant tout choix impossible « entre la peste et le choléra » ! Présente dans notre vocabulaire, cette plaie aussi vieille que l'humanité n'en demeure pas moins un mythe. Tous les arts ont tenté de se l'approprier. Le dernier-né, le cinéma, en a fait le héros de films célèbres, « Le septième sceau » d'Ingmar Bergmann, « Nosferatu » de Murnau, repensé plus récemment par Werner Herzog, « Panique dans la rue » d'Elia Kazan, « La maladie de Hambourg » de Peter Fleischmann. Le festival de Cannes a primé en 1984 un court métrage soviétique dont le sujet est « la peste ». En 1911, le théâtre parisien du Châtelet créa « Le martyre de saint Sébastien », poème de Gabriele d'Annunzio mis en musique par Claude Debussy. Le rôle du saint personnage tenu par une femme, Ida Rubinstein, apparut alors comme blasphématoire, mettant trop en évidence la personnalité trouble du martyr de la peste. Depuis cette date, des actrices ont toujours interprété cette figure légendaire : Véra Korène, Geneviève Page. Ludmilla Tchérina dansa la geste de Sébastien sur une chorégraphie de Serge Lifar en 1957 et 1969. Dernièrement, au printemps 1984, en Suisse, Armin Jordan dirigea la reprise de cet opéra sacré. En juillet 1983, le festival d'Avignon a présenté « Les dernières nouvelles de la peste » de Bernard Chartreux, inspiré du « Journal de l'année de la peste » de Daniel Defoë et réalisé par Jean-Pierre Vincent. Dans le même temps, le philosophe G. Didi Hubermann publiait un « Mémorandum de la peste ». Plus récemment, Michel Tournier a proposé un « Sébastien, archer de Dieu », symbole à la fois d'Eros et de Jésus, de l'amour charnel et de l'amour divin, amour humain transcendé. Les romanciers contemporains les plus illustres ont subi l'attrait de la peste. Marcel Pagnol l'a évoquée dans la nouvelle intitulée « Les pestiférés » et dans son dernier

livre « Le temps des amours ». Albert Camus a campé quelques robustes personnages dans le monde clos de « La peste ». « La saison des loups » permit à Bernard Clavel de restituer admirablement l'atmosphère pesante et grise de la Franche-Comté pestiférée au XVIIe siècle. Les auteurs étrangers sont plus nombreux encore à avoir abordé ce sujet, Conan Doyle dans « Sir Nigel », K. Windsor dans « Ambre », J.-P. Jacobsen avec « La peste à Bergame », S. Undset dans « La Croix », L. Bromfield avec « La mousson », F. Slaughter dans « Opération épidémie » et tout dernièrement André Brink avec « Le mur de la peste ». En 1978, G. Cravens et J. S. Marr ont décrit « la peste à New York » dans un roman de science-fiction. Quelques artistes du XXe siècle ont traité de la peste : Hugo Simberg dans une eau-forte puissamment évocatrice de la « Peste noire » qui se trouve à Helsinki ; Dominique Lagru a peint « la peste » dans un monde simple et coloré où le monstre apparaît sous la forme d'un énorme rat brouillant l'azur. Daniel Ferrara, plus optimiste, a croqué avec une grande fraîcheur naïve « la peste à Marseille en 1720 ». Bernard Lorjou a imaginé « la peste en Beauce » sous les traits d'un insecte géant et dévastateur.

Le XIXe siècle avait, lui aussi, été fasciné par la peste. Le romancier italien Manzoni retraça un drame banal en temps de « contagion » dans « La colonne infâme » et fit de la peste la toile de fond de son roman « Les fiancés ». Baudelaire traduisit les contes d'Edgar Poe, en particulier « Le roi peste », avec un luxe de détails et une poésie raffinée. Critique d'art, il qualifia de « délice de tristesse » le « Sébastien endormi » de Delacroix. Géricault et Goya se plurent à reproduire l'horreur des hôpitaux de peste, ce mal faisant probablement partie de leurs fantasmes.

« Dans la chaleur et le silence, et pour le cœur épouvanté de nos concitoyens, tout prenait d'ailleurs une importance plus grande. Les couleurs du ciel et les odeurs de la terre qui font le passage des saisons étaient, pour la première fois, sensibles à tous. Chacun comprenait avec effroi que les chaleurs aideraient l'épidémie et, dans le même temps, chacun voyait que l'été s'installait. Le cri des martinets dans le ciel du soir devenait plus grêle au-dessus de la ville. Il n'était plus à la mesure de ces crépuscules de juin qui reculent l'horizon dans notre pays. Les fleurs sur les marchés n'arrivaient plus en boutons, elles éclataient déjà et, après la vente du matin, leurs pétales jonchaient les trottoirs poussiéreux. On voyait clairement que le printemps s'était exténué, qu'il s'était prodigué dans des milliers de fleurs éclatant partout à la ronde et qu'il allait maintenant s'assoupir, s'écraser lentement sous la double pesée de la peste et de la chaleur. Pour tous nos concitoyens, ce ciel d'été, ces rues qui pâlissaient sous les teintes de la poussière et de l'ennui, avaient le même sens menaçant que la centaine de morts dont la ville s'alourdissait chaque jour. Le soleil incessant, ces heures au goût de sommeil et de vacances, n'invitaient plus comme auparavant aux fêtes de l'eau et de la chair. Elles sonnaient creux au contraire dans la ville close et silencieuse. Elles avaient perdu l'éclat cuivré des saisons heureuses. Le soleil de la peste éteignait toutes les couleurs et faisait fuir toute joie. »

A. Camus, *La peste,* © Gallimard, 1960.

Gérard, David et Magaud déploraient l'affliction générale, la douleur et la souffrance, compagnes de la peste, tandis que Gros laissait à la postérité un Napoléon Bonaparte thaumaturge à l'égal des rois de France dans « Les pestiférés de Jaffa ». Parmi les nombreuses illustrations iconographiques de la légende de saint Sébastien, celles de Gustave Moreau sont à la fois les plus lumineuses, les plus émouvantes et parfois les plus mystiques.

Démystifier la peste à travers son histoire dans une France aux limites actuelles, tel est le propos de ce livre.

PREMIÈRE PARTIE

LA PESTE NOIRE

Un fléau oublié

« Si une maladie atteint un grand nombre de personnes, c'est une épidémie ; quand la plupart d'entre elles meurent, c'est une peste. »

Galien.

Mil trois cent quarante huit : la peste noire s'abat sur le monde occidental. Quelle est-elle ? D'où vient-elle ?

« La dite mortalité commença au mois de janvier et dura l'espace de sept mois », écrit Guy de Chauliac dans la « Grande Chirurgie ». « Elle fut de deux sortes : la première dura deux mois avec fièvre continue et crachement de sang et on mourait dans les trois jours. La seconde fut, tout le reste du temps, aussi avec fièvre continue et apostèmes [1]... principalement aux aisselles et aines : et on mourait dans cinq jours. Et fut si grande contagion, spécialement celle qui était avec crachement de sang, que non seulement en séjournant mais aussi en regardant, l'un la prenait de l'autre. » Ce médecin du pape Clément VI, alors en Avignon, a remarquablement distingué les deux

1. Apostème : abcès.

types de peste qui déferlèrent sur l'Europe médiévale et y décimèrent « la tierce partie du monde » selon le chroniqueur Froissart.

Pendant l'hiver 1347-1348, la peste pneumonique fait rage en Sicile, Calabre, Sardaigne, Corse ainsi que dans les cités de Gênes, Pise, Venise, Marseille, Aix-en-Provence, Arles et Avignon. Les effets de cette épidémie sont foudroyants. Après quelques heures d'incubation, le malade délire sous l'action d'une fièvre élevée, preuve d'une infection généralisée ; il étouffe, crache du sang et expire dans les jours qui suivent.

Au printemps 1348, le mal se généralise sous l'aspect bubonique avec l'apparition d'abcès, plus ou moins volumineux, au cou, sous les épaules ou aux cuisses, et de pustules appelées charbons, provoquées par des piqûres de puces, vecteurs du poison. Dans ce cas, la mort survient plus lentement et de façon moins certaine. Ainsi, à Florence, raconte Boccace dans le « Décameron », « La peste n'agissait plus comme en Orient, où un saignement de nez était le signe d'une mort inévitable ; mais à l'aine, ou sous les aisselles, naissaient certaines tumeurs qui croissaient plus ou moins, les unes comme une pomme, les autres comme un œuf. Ces tumeurs se nommaient vulgairement bubons. Bientôt, ces tumeurs naquirent indifféremment sur toutes les parties du corps ; puis les symptômes changèrent ; ce furent des taches noires ou livides sur les bras et sur les cuisses, tantôt grandes et rares, tantôt petites et nombreuses. Ces taches, ainsi que les tumeurs, étaient l'indice certain d'une prompte mort. »

Les contemporains de cette calamité n'osaient l'appeler peste, par superstition, pour se faire oublier d'elle ou pour se persuader qu'il ne pouvait s'agir de ce mal. Ne point

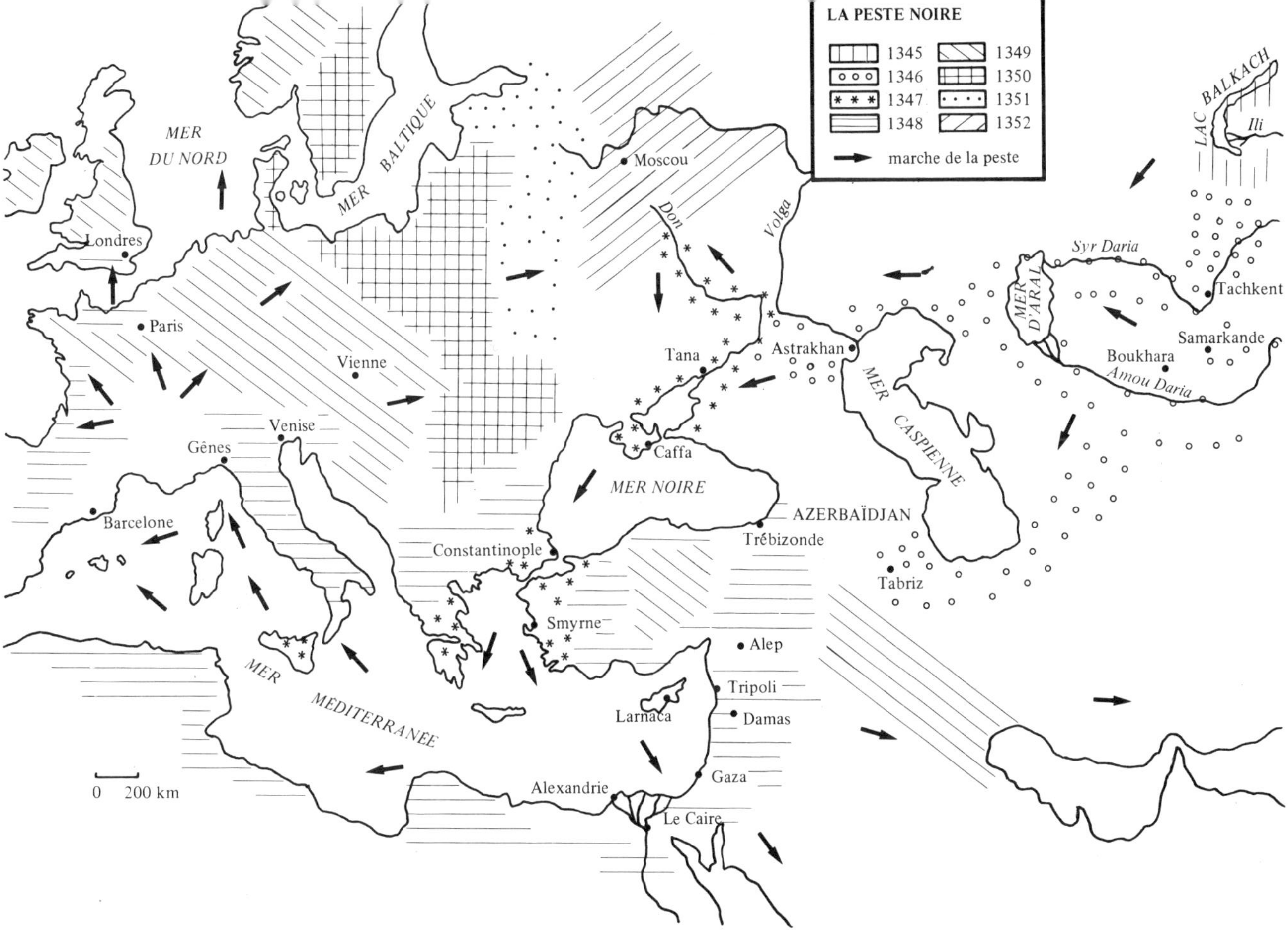
LA PESTE NOIRE
1345
1346
1347
1348
1349
1350
1351
1352
marche de la peste
MER DU NORD
MER BALTIQUE
Londres
Paris
Vienne
Venise
Gênes
Barcelone
Moscou
Don
Volga
Tana
Astrakhan
Caffa
MER NOIRE
Constantinople
Smyrne
Trébizonde
AZERBAÏDJAN
MER CASPIENNE
Tabriz
MER D'ARAL
Syr Daria
Amou Daria
Tachkent
Samarkande
Boukhara
LAC BALKACH
Ili
Alep
Tripoli
Damas
Larnaca
Gaza
Alexandrie
Le Caire
MER MÉDITERRANÉE
0 200 km

la nommer c'était aussi l'empêcher d'exister. La mortalité fut la peste et les pestes firent les mortalités. On l'appela mal des aines, maladie des bosses, peste de Florence, peste à bubons, grande mort, grande mortalité. Peste et mort se confondirent. Un auteur la qualifia d'« atra » au sens figuré de terrible, mais on traduisit atra par noire, couleur du deuil et du sombre effroi qu'elle jeta sur le monde médiéval inexorablement frappé par ses coups. Désormais, l'Occident vécut dans la hantise de ce mal, toute épidémie devint une peste bien que la peste fût la plus identifiable des épidémies.

Or, au XIVe siècle, la mémoire occidentale avait oublié ce fléau depuis huit siècles et peu connaissaient le récit fait au Haut Moyen Age par le chroniqueur Grégoire de Tours : « Cependant un navire en provenance d'Espagne atteignit le port de Marseille avec son chargement habituel, et apporta malheureusement avec lui les miasmes de cette maladie. Comme de nombreux citoyens avaient effectué des achats sur ce bateau, rapidement une maison où vivaient huit personnes, ses habitants ayant été tués par la contagion, fut laissée vide. Ce ne fut pas immédiatement que la peste fut disséminée par toutes les maisons ; mais, interrompue pendant un certain laps de temps, la peste comme une flèche enflammée, embrasa la ville entière. »

Les origines

UN SIÈGE PEU ORDINAIRE

Les hommes du XIVe siècle se divisèrent au sujet de son foyer originel. Pour certains, comme le chanoine Louis de Boeringen, chantre à Saint-Donatien d'Avignon, l'Inde était son berceau : ... « Des catastrophes terribles et des perturbations atmosphériques inouïes se sont abattues trois jours durant sur une région située aux environs de l'Inde Majeure, en Orient. Le pays tout entier a été ravagé par ces catastrophes, et l'on peut supposer que l'infection, propagée par le vent malsain du sud, a contaminé toutes les régions voisines ; et maintenant ce sont nos rivages que, par la permission de Dieu, le mal a gagnés par cette voie... »

Pour d'autres, elle était née en Abyssinie à partir de laquelle le Nil et ses affluents l'avaient disséminée alentour puis transportée en Égypte et de là en Syrie.

Pour d'autres enfin, elle venait de Chine ou Cathay, éprouvée depuis plusieurs années par des tremblements de terre, des crues catastrophiques et des famines redoutables, conjonctures propices au développement de l'épidémie. Or, à l'époque, on confondait la Chine avec le pays de Hataï, nom d'un peuple qui l'avait précédemment occupée avant de se fixer entre la mer d'Aral et le lac Balkhach. Au début du XIVe siècle, dans ces steppes dites « de la faim », le Mongol Kebek, descendant de Gengis Khan, sédentarisa son peuple, le rendant ainsi plus réceptif à la peste. En effet, les nomades de ces régions, soit parce qu'ils se déplaçaient sur des chevaux, dont l'odeur repousse les puces, soit parce qu'ils abandonnaient ou isolaient leurs malades, semblent ne pas avoir beaucoup souffert des épidémies anciennes. Or, en 1338, une terrible maladie contagieuse décima leurs frères installés sur les bords du lac Balkhach, de l'Ili et de l'Issyk-Koul. Des chrétiens nestoriens qui vivaient parmi eux gravèrent sur leurs tombes le nom du coupable : la peste. L'aire d'apparition de la peste noire paraît donc être l'Asie Centrale, actuel foyer endémique de l'infection bubonique chez les rongeurs sauvages. A partir de là, la route antique de la soie diffusa largement le microbe par les cols du Pamir au sud en direction de l'Inde, à l'est vers la Chine, en contournant la dépression du Tarim. Au sud-ouest, le bacille trouva un excellent terrain de reproduction dans le centre actif de Samarkande, au croisement d'axes commerciaux importants. De là, il essaima vers « l'Irak persan et les terres turques » ; en 1346 il s'arrêta à Tabriz, traversa l'Azerbaïdjan et en 1348 envahit Trébizonde, comptoir génois sur la mer Noire. Au nord-ouest, depuis Tachkent et le Syr Daria ou Boukhara et l'Amou Daria, par la mer d'Aral, il aborda sur les rives de la mer Caspienne où Astrakhan fut contaminée en 1346 ; depuis la Volga et le Don, navires, hommes et bêtes le véhiculèrent jusqu'à Tana sur la mer d'Azov, elle-même rapidement infectée au cours de l'an 1347. En Crimée toute proche, le Khan Djanibek assiégeait la forteresse génoise de Caffa, actuelle Féodosia. Les cadavres de ses troupes décimées par la peste lui fournirent autant de projectiles empoisonnés dont il bombarda les Italiens. Pestiférée, la ville ne céda pas mais bon nombre de ses citoyens s'embarquèrent pour Gênes. Une escale à Constantinople leur permit d'infecter le grand port à l'automne 1347, si bien que tous les navires qui le quittèrent répandirent la peste çà et là ; ainsi furent contaminées Malte, Tunis et l'Égypte au début de l'année 1348 : au Caire, on compta jusqu'à 20 000 morts par jour transportés sur des tables, des portes, qui servaient de brancards, pour être jetés dans de grandes fosses. Reparties d'Alexandrie, ces embarcations empoisonnèrent les échelles du Levant : à Gaza, il y eut 22 000 décès en un mois ; à Alep, les routes étaient jonchées de cadavres ; à Damas il mourait 1 200 personnes quotidiennement, les bras manquèrent pour ensevelir les morts. A Chypre, les chrétiens massacrèrent leurs esclaves musulmans de peur qu'ils ne s'emparassent de l'île dont les chefs mouraient de contagion. En 1349, le Maroc fut atteint ainsi que tout le Maghreb.

Selon l'écrivain arabe Aboulmahasen, depuis son départ des hauts plateaux d'Asie Centrale, la peste avait fait 13 millions de victimes en Chine et 24 millions dans le reste de l'Asie. Qu'allait-il en être en Occident et en France en particulier ?

Yersinia

La peste appartient au monde des yersinioses, du nom d'Alexandre Yersin qui isola le bacille de la peste à Hong-Kong en 1894. Cette bactérie est susceptible d'adopter 3 formes selon son origine. Yersinia pestis antiqua, responsable de la première pandémie pesteuse dévastatrice du bassin méditerranéen au temps de l'empereur byzantin Justinien (527-565), a ses racines en Afrique orientale. Yersinia pestis medievalis demeure autour de la Caspienne, on la croit responsable de la peste noire, première manifestation de la deuxième pandémie qui ravagea l'Europe pendant quatre siècles. Enfin, yersinia pestis orientalis, cause de la troisième pandémie qui, partie du Yunnan à la fin du XIXe siècle, fit le tour du monde jusqu'en 1920 où elle atteignit Paris en même temps que Manille, a pour berceaux les ports d'Orient et d'Amérique. En effet, les rongeurs, dans leurs terriers, peuvent conserver l'un ou l'autre de ces microbes capables de contaminer l'homme par l'intermédiaire des puces inoculatrices de la peste bubonique caractérisée par des adénites douloureuses.

La deuxième sorte de yersinioses porte le nom de yersinia pseudotuberculosis ; ce bacille, découvert par Malassez et Vignal en 1883 qui lui donnèrent le nom de pasteurella pseudotuberculosis et ne virent pas sa relation avec la peste, est responsable de la peste pulmonaire transmissible d'homme à homme par les voies respiratoires ou les muqueuses dans des conditions climatiques précises : une température inférieure à 15 °C, une certaine humidité ambiante. Ce germe doit être considéré comme un mutant de la première catégorie de bacilles.

Quant au troisième type de yersinioses, yersinia enterocolitica, sa mise en évidence date de 1923. Depuis les années 1950 à 1960 où les habitudes alimentaires ont beaucoup changé : utilisation massive de réfrigérateurs, consommation de végétaux crus, restauration collective généralisée, cette bactérie fait de plus en plus de victimes. La maladie, plus fréquente l'hiver que l'été, a des manifestations très variées, allant des plus bénignes aux plus graves. Tout se passe comme si l'homme était immunisé contre les pestes anciennes mais non contre sa forme dégradée actuelle. Le microbe pesteux est un être évolutif dont l'humanité n'est pas débarrassée, contrairement à ce qu'elle croit généralement.

D'après le docteur H.-H. Mollaret,
« Le monde des yersinioses »,
dans *Médecine et Maladies Infectieuses,* 1982, n° 12.

LA DIFFUSION DE LA PESTE EN EUROPE

Entre septembre et décembre 1347, les galères génoises disséminèrent la peste au cours de leurs escales, en Grèce, en Sicile où le mal se répandit comme le feu aux poudres, éliminant les deux tiers de la population en Sardaigne, en Corse, à l'île d'Elbe et sur le littoral italien. Trois de ces navires voulurent débarquer à Gênes qui les refoula.

L'un trouva un asile provisoire à Marseille le 1er novembre 1347, veille prémonitoire du jour des morts ; il rejoignit ensuite les deux autres ; la contagion gagna l'Espagne puis les côtes océaniques. Le notaire Gabriel de Mussis, qui était à bord de l'un de ces bâtiments, explique comment l'épidémie se propagea : « Et nous, voyageurs génois et vénitiens dont difficilement dix survécurent sur mille, comme accompagnés par un mauvais génie, nous regagnâmes nos maisons ; nos parents et nos amis vinrent nous voir de toutes parts. Nous qui portions les germes de la mort, quand ils nous prenaient dans leurs bras et nous embrassaient, tandis que nous parlions, de nos bouches, le poison sortait avec les mots. Ainsi, revenant dans leurs propres maisons, ils empoisonnèrent leur famille entière. »

Très vite, tout l'Occident s'enflamma ; l'hécatombe fut estimée à vingt millions de morts entre 1348 et 1350 ; la première année vit disparaître 30 % de la chrétienté latine.

Il est convenu d'appeler peste noire celle qui embrasa le monde occidental jusqu'en 1353.

L'Italie paya sûrement le plus lourd tribut à l'épidémie, de 1347 à 1351. Naples perdit 60 000 des siens, Gênes et Parme les deux tiers de leurs habitants, Padoue le tiers, Pise pleura sept citadins sur dix ; à Venise, très touchée, le Grand Conseil passa de 1 250 à 380 membres ; pendant l'été 1348, Orvieto enregistra 500 décès par jour sur une population de 10 à 12 000 personnes. A Pâques 1348, un million deux cent mille pèlerins convergèrent à Rome à l'appel de Clément VI qui avait avancé l'année sainte pour apaiser la colère divine ; un million d'entre eux n'en revint pas.

Atteinte au printemps 1348, Majorque perdit 80 % de ses insulaires, puis ce fut au tour de Minorque et d'Ibiza. Barcelone et Valence furent touchées en mai, Almeria en août, Saragosse en septembre ainsi que Coïmbre au Portugal. La reine d'Aragon et le roi de Castille furent emportés par le cataclysme qui déferla sur l'Andalousie à la fin de la même année.

Pendant l'été 1348, la peste gagna le sud de l'Angleterre puis Londres et l'Irlande. Au cours de l'année 1349, elle occupa le Pays de Galles, les ports et les pays riverains de la mer du Nord, de la Grande-Bretagne jusqu'au Danemark et en Norvège. En 1350, elle prit pied en Écosse et s'aventura sur les rives de la Baltique, frappant les ports allemands puis la Pologne, la Lithuanie, la Courlande. En 1352, elle pénétrait en Russie où le grand prince de Moscou Simon Ivanovitch et ses enfants trépassèrent sous ses flèches.

Par les voies terrestres, depuis juin 1348, elle s'était infiltrée en Suisse et en Autriche où Vienne perdit 40 000 âmes entre Pâques et la Saint-Michel. Les bords du Rhin, la Bavière, la Bohême, la Hongrie furent attaqués au cours de l'année 1349.

Resta-t-il un lieu oublié d'elle ? Des contrées isolées ou peu peuplées furent sans doute épargnées, car la maladie empruntait les voies maritimes, fluviales et terrestres des grands axes de circulation à la vitesse moyenne de deux à trois kilomètres par jour. Sa marche ralentissait l'hiver et sur les routes secondaires. Du 25 juillet au 20 août 1348, elle battit son record en parcourant cent trente kilomètres de Rouen à Paris au rythme de cinq kilomètres par jour. En effet, depuis la fin de 1347, par Marseille, le mal avait envahi toute la France.

Après de nombreux sursauts pestilentiels, un répit s'amorça en 1353 excepté pour la Flandre, l'Alsace, la Suisse, l'Allemagne, la Pologne et la Russie... En 1360, la

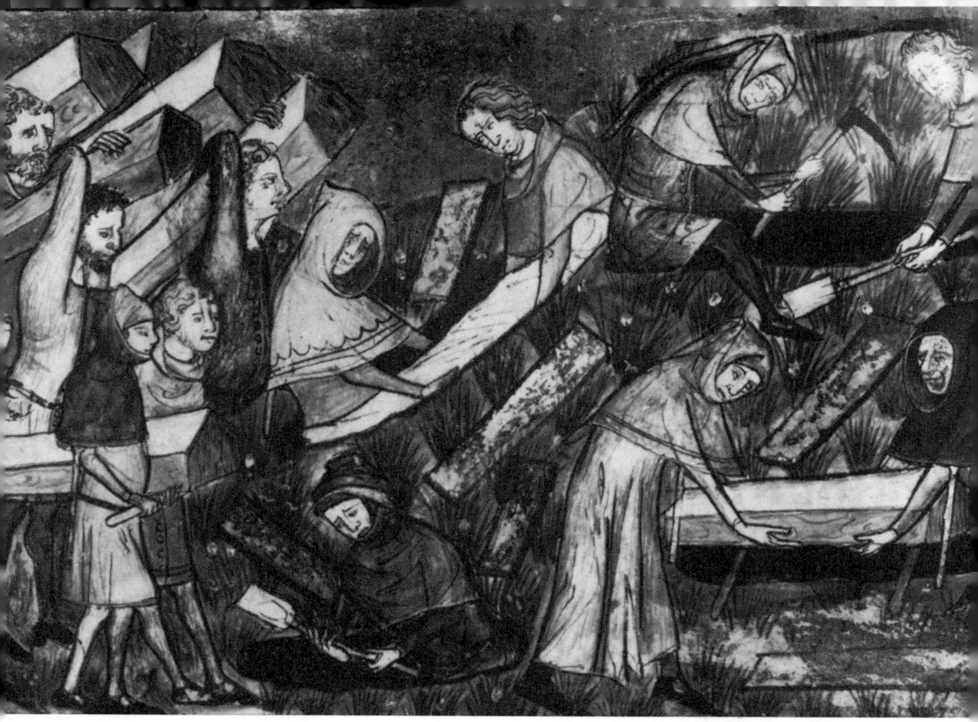

France fut à nouveau accablée. A partir de 1361, la ronde infernale reprit épisodiquement en Europe pour ne plus s'interrompre jusqu'au XVIIIe siècle.

LA CONTAGION

Tous les hommes du temps constatèrent que la maladie se transmettait facilement par le contact avec les pestiférés, leur haleine, « leur regard » même, leurs vêtements, les objets qu'ils avaient touchés. La peste pneumonique, qui sévit en Europe pendant l'hiver 1347-1348, est en effet transmissible par les muqueuses, directement d'homme à homme. La peste bubonique qui lui succéda au printemps 1348 a pour agent essentiel la puce. En effet, cet ectoparasite quitte le rat mort de peste pour s'installer chez l'homme et dans ses habits, particulièrement dans les vêtements blancs. Or, les rats abondaient dans les cales des navires, dans les villes, dans les maisons. Ils furent à la source de la propagation de la peste que les puces, infectées par eux, transférèrent aux hommes.

Pour le praticien de Montpellier Bernard de Gordon, la maladie tuait lorsque le souffle mortel quittait le cerveau ou les yeux des malades et pénétrait dans les yeux de ceux qui l'entouraient. Les médecins parisiens, consultés par le roi, affirmaient que le mal était contagieux, « l'air respiré par les malades sort de leurs bouches corrompu et empoisonné et infecte les assistants ». Dans un poème en vers latins édité à Paris en 1350, Simon de Couvin remarquait que « lorsque la peste commence dans une maison, à peine un seul habitant échappe-t-il. La contagion est telle qu'un malade empoisonne tout le monde... Les vêtements étaient regardés comme infects et tout le mobilier était suspect ».

Boccace s'étonna : « Cette peste, contagieuse d'homme à homme, l'était encore de l'homme aux animaux... J'ai vu, de mes propres yeux, un exemple de ce que j'avance : les haillons d'un pauvre homme mort de la peste ayant été jetés dans la rue, deux pourceaux vinrent à passer ; ils s'approchèrent de ces haillons, les remuèrent d'abord avec leur groin, puis les saisirent avec les dents et les secouèrent de côté et d'autre ; tout à coup, ces animaux, comme s'ils eussent été empoisonnés, firent quelques tours sur eux-mêmes et tombèrent morts. »

Dans ses « Annales Ecclésiastiques », Oderic Raynold écrivait : « Outre que la contagion était incurable, il n'était pas possible de l'éviter : les habitations, les vêtements des malades suffisaient pour occasionner la mort. On vit expirer, frappés d'une mort subite, ceux qui touchaient les pestiférés, leur rendaient les derniers devoirs ou leur donnaient la sépulture. Une brebis malade communique son mal au troupeau tout entier. »

Pour ces observateurs du Moyen Age dont Olivier de la Haye,

« il semble
que moîteur et chaleur ensemble
font très bonne complexion
à recevoir l'infection
dont nous voyons que les enfants,
dessous sept ans,
qui sont moites et chaleureux,
en sont moins prêts et vigoureux
à faire bonne résistance
contre le mal de pestilence
...
Toute femme prégnant
quand pestilence va régnant
se doit garder soigneusement ».

Enfin, pour Guy de Chauliac « cacochymie et débilitation » font mourir « la populace, les travailleurs et ceux qui vivaient mal ». Vivre mal, c'était vivre dans le péché, avec le démon, ennemi de Dieu. Là était dénoncée la cause première de tous les maux de l'humanité.

Le ciel et la terre responsables

LA COLÈRE DE DIEU

Profondément imprégnés de la foi qui leur fit dresser les cathédrales et reprendre le tombeau du Christ, les hommes d'Occident vivaient dans l'adoration et la crainte de Dieu. Tout ce qui dans la nature, en eux et autour d'eux échappait à leur entendement était volonté et mystère divins. Dans un monde dur et incompréhensible, Dieu donnait une réponse universelle à toutes les énigmes. Il fallait plaire à ce Dieu, jaloux de son unicité, car l'ire de Dieu, sa terrible colère, pouvait ébranler les montagnes, gonfler les océans, tarir les eaux, assombrir le ciel, verser des pluies de larmes et de sang sur la terre, répandre la pestilence avec sa suite d'horreurs et de souffrances. Or les péchés des hommes suscitaient ce courroux énorme, bruyant et terrifiant. Les hommes le connaissaient et le redoutaient. En 1348, nul ne mit en doute la culpabilité humaine et la vengeance de Dieu. Dans ses « Annales Ecclésiastiques », Oderic Raynold constatait : « L'an de

Jésus-Christ 1348, frappé du fouet vengeur de la justice divine, l'Occident fit entendre un long cri de douleur. D'abord sévit une peste tellement cruelle que les villes furent converties en solitudes ; le fléau exerça ses ravages chez toutes les nations... »

De son côté, Simon de Couvin s'interrogeait : « Pourquoi la puissance divine multiplie-t-elle le nombre du peuple et travaille-t-elle à l'accroître ? Pourquoi Dieu, après avoir rempli toutes les villes du royaume, lance-t-il ses traits vengeurs sur ceux qu'il gouverne, les renverse-t-il, et fait-il périr, par le glaive, par le feu, par les eaux, par la peste, ceux qu'il avait créés ? Ce sont les péchés et les crimes des hommes qui ont attiré sur eux ce malheur. Mais le XIVe siècle ne fut ni plus ni moins coupable que celui qui précéda ou suivit... »

Le ciel, demeure de Dieu, avertit les hommes qu'un danger imminent les menaçait. Plusieurs phénomènes astrologiques et astronomiques annoncèrent les foudres divines :

« Car le Ciel est, fut et sera
Quoique chacun y pensera
Après Dieu, la cause seconde
Des naturels effets du Monde »

affirmait Olivier de la Haye.

LES ASTRES

En octobre 1348, tandis que l'épidémie envahissait la capitale, à la demande du roi de France Philippe VI de Valois, les doctes médecins de la Faculté de Médecine de

DE MAGNITVDINE, INFLAMMATIONE, SITV, MOTVQVE

Stellæ prodigiosæ, cōspectæ primùm Anno 1572. die 8. Noueb. in δωδεκατημορίῳ Tauri, colloq; Cassiopeæ, τηρήσεις μετεωρολογικαὶ D. Leonhardi Thurneisseri Medici Electoris Brandeburgensis, Halæ Saxonum, primò sub latitudine 51. 40. Die 19. Nouemb. 12. hora noctis institutæ: Mox 29. die Decemb. Berlini sub polo 52. 50. eadem hora absolutæ. Adiectum insuper Prognosticon, cùm ex illis ipsis obseruationibus, tùm ex reliquorum syderum σχηματισμοῖς, ortuq; Cosmico vel Acronycho: deniq; ex effectis futuræ Eclipseos Lunæ, Anno 1573. die. 8. Decemb. hora 8. 45. post meridiem, ad biennium, mensesq; nouem, Astronomica calculi ratione productum, citra inuidiam, omnemq; superstitionem ἀκριβολογητῶς, Saluis diuinis Fatorum decretis.

l'Université de Paris rédigèrent un document officiel sur les causes du mal et les moyens de s'en préserver ou de s'en guérir. Selon eux la cause première « supérieure et céleste... est la conjonction, dans le 14e degré du Verseau, de trois planètes supérieures le 20 mars 1345, puis par l'entrée de Mars, planète maléfique, dans le signe du Lion le 6 octobre 1347 et sa rencontre avec la tête du Dragon ». La cause seconde « inférieure et terrestre » est la corruption de l'air par des vapeurs mauvaises qui, sous l'action des vents du sud et de la conjonction des astres, pénètrent dans le cœur, altèrent le souffle vital et pourrissent tout par l'humidité qu'elles renferment. Les savants médecins et astrologues soutenaient que ces affirmations ne pouvaient être mises en doute puisque les Anciens : Aristote, Hippocrate, Galien, Ptolémée, Pline, et les maîtres arabes Avicenne, Razès, Averroès avaient autrefois émis des constatations semblables : des mêmes causes émanaient les mêmes effets !

« Les plus grandes conjonctions – soutenait encore le remarquable Guy de Chauliac – signifient choses merveilleuses, fortes et terribles, comme changement de règne, avènement de prophètes et grandes mortalités. »

Maître Simon de Couvin, grand érudit et astrologue, prédit la grande mortalité et composa un poème intitulé « Du banquet du soleil dans la demeure de Saturne ». Il y décrit le festin offert par Saturne aux planètes. La rencontre du vieux Saturne, ennemi du genre humain, et du superbe Jupiter, ami de ce même genre humain, est lourde de conséquences pour l'humanité. En effet, le Soleil, roi des planètes, doit arbitrer le conflit qui les sépare. Mercure, remarquable savant, démontre ensuite la lassitude divine à supporter les crimes de la terre et donne raison à Saturne à qui Jupiter se rallie. Le prince solaire, la lumière du monde, condamne alors les hommes à recevoir la peste dont le venin est issu de la bave de Cerbère qu'il faut aller chercher aux Enfers. Saturne, Jupiter, Mars et Junon, chargés de l'exécution de ces décisions, envoient sur terre Junon, la rebelle, le corps rempli de l'infection.

L'une des trois Parques, Lachesis, voulut sauver les hommes et paya très cher une intervention médicale, mais en vain car « rien ne sert, ni la chaleur, ni le froid, ni la salubrité du pays, que ce soient des montagnes élevées ou des vallées profondes, une île de la mer, une vaste plaine, une terre hérissée de rochers, une forêt, une rive sablonneuse, un marais, la maladie se propage partout. On attend l'hiver, la froidure est sans effet contre elle ; la chaleur de l'été, la douceur du printemps, le cours de la lune, la révolution de tel ou tel astre, rien n'en arrête les ravages ».

Ce long récit s'achève sur la description de tous les désordres occasionnés par la peste et le poète s'interrompt, privé d'inspiration devant une telle désolation...

Un autre narrateur, Guillaume de Nangis, rapporte « qu'une étoile, très grande et claire, apparut au-dessus de Paris en août 1348, du côté de l'Occident, après l'heure des vêpres, au crépuscule. A la tombée de la nuit, elle éclata en plusieurs rayons divergents, projetés sur Paris et vers l'Orient puis disparut... S'agissait-il d'une comète ou d'un astre formé par quelque vapeur ? » Pour Alphonse de Cordoue, l'éclipse de lune qui se produisit à Montpellier engendra l'épidémie. Le collège des médecins de Paris, grâce à l'astrologie, dénonça comme coupables des éclipses de soleil : « dans des contrées de l'Inde qui avoisinent l'Océan... d'épaisses vapeurs obscurcirent le soleil et changèrent la lumière en ténèbres ».

Le dérèglement de la vie astrale aurait suscité des cataclysmes, autres responsables de la peste.

LES CATACLYSMES

Des tremblements de terre précurseurs avaient secoué l'Asie et l'Italie. Selon des Annales chinoises, il y eut « en 1346, un tremblement de terre dans le Chan-Toung, à la seconde lune ; une grande famine dans le Chan-Si à la cinquième lune, ensuite de grands débordements à la huitième lune, en 1347, un autre tremblement de terre dans le Chan-Toung, on entendit un bruit comme celui du tonnerre ». Au début de l'année 1348, Rome, Sienne, le duché de Modène subirent des secousses sismiques qui ébranlèrent les clochers des églises et affolèrent les populations.

Dans le même temps, les flots s'enflèrent, agités de raz-de marée. Les médecins parisiens expliquaient ainsi une des causes de la peste : « Les feux solaires agirent avec tant de force sur l'Océan, qu'ils attirèrent à eux presque un bras de mer, et de l'eau, convertie en vapeur, resta suspendue dans les airs. Ces vapeurs, parcourant l'atmosphère, enveloppèrent plusieurs parties du globe d'un brouillard épais. » Ici, sévit la sécheresse avec apparition de nuages de sauterelles ; ailleurs, comme en Bresse et en Bugey à la Noël 1348, des inondations catastrophiques dévastèrent les champs également recouverts « de multitudes de rainettes, de petits crapauds et autres vers de maintes sortes ».

La famine, née des caprices météorologiques, était à la fois mère et compagne de la peste. Elle pouvait aussi en être la fille dans la ronde infernale, fatale et sans fin que formaient les crises climatiques, provoquant des crises frumentaires, elles-mêmes génératrices de crises épidémiques pendant lesquelles les hommes n'allaient plus aux champs, condamnant à la faim ceux qui survivaient...

Or, depuis la fin du XIIIe siècle, il y avait rupture d'équilibre entre l'essor démographique et l'extension des terres, les défrichements ayant atteint une certaine saturation. Les réserves alimentaires diminuaient devant les besoins d'une population croissante et, en cas de récoltes insuffisantes, à la suite d'un printemps tardif ou d'un hiver précoce, le spectre de la faim se dressait. On vivait donc dans l'obsession de la disette, dans l'appréhension de la famine. Ainsi en Languedoc pendant la première moitié du XIVe siècle, des calamités naturelles provoquèrent vingt années de disette de 1302 à 1348, soit à peine tous les deux ans et demi, si bien que les pauvres mangeaient l'herbe crue. En 1347, dans l'Aquitaine et le Lyonnais, une famine succéda à plusieurs années de pluies diluviennes.

Les pouvoirs provinciaux prenaient des mesures draconiennes en prévision de ce fléau, suspendu au-dessus des hommes comme une épée de Damoclès ; les années grasses, on stockait les grains dont l'exportation était interdite les années maigres. Les greniers étaient alors perquisitionnés et les réserves réquisitionnées.

Les étés pourris de 1346 et 1347 préparèrent donc de nombreux organismes, affaiblis par la pénurie de vivres, à accueillir facilement la mortelle épidémie, comme le remarqua Simon de Couvin : « Celui qui était mal nourri d'aliments peu substantiels tombait frappé au moindre souffle de la maladie ; le vulgaire, foule très pauvre, meurt d'une mort bien reçue, car pour lui, vivre, c'est mourir. »

La malnutrition fut un vice du temps, la base de l'alimentation étant des bouillies de céréales pauvres, parfois même de glands. Les carences en vitamines, lipides et protéines étaient grandes bien que l'on consommât plus de viande au Moyen Age, excepté en temps de crise, qu'aux temps modernes, du XVIe au XVIIIe siècle.

Désabusé par les malheurs du temps, Olivier de la Haye résumait :

« Nous voyons souvent apparaître
Régner et naître
Trois grands dangers
...
Le premier mal est pestilence
D'air, corrompu par influence ;
Le second est, en vérité,
Grand défaut et stérilité
Des fruits et des biens de la terre,
Et le tiers est cruelle guerre. »

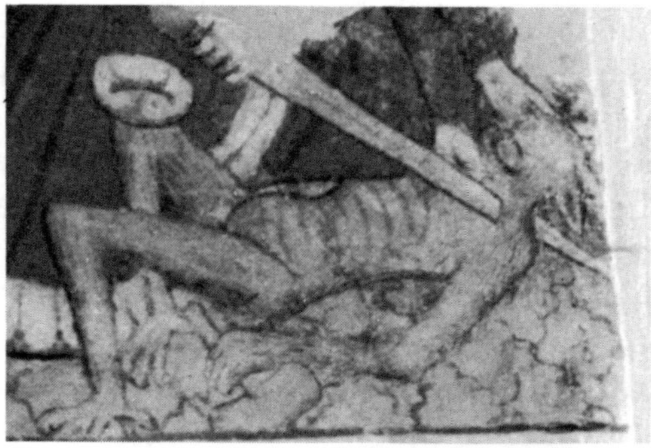

Pour comble de malheur, en effet, la guerre, qui devait durer cent ans, commençait à désoler le pays.

Depuis 1338, le Plantagenêt Édouard III ravageait le nord de la France sans que Philippe VI de Valois osât lui riposter, si bien qu'en janvier 1340, à Gand, l'Anglais, sûr de lui, se proclama roi de France, ajoutant les fleurs de lys à son sceau et à son blason.

En juin 1340, à la veille de la défaite navale française de l'Écluse près de l'avant-port de Bruges, le pape Benoît XII depuis Avignon chargeait le doyen de l'église de Rouen de distribuer 6 000 florins d'or aux résidents des diocèses de Laon, Noyon et des contrées voisines « en raison des guerres qui, fruit du péché, y ont sévi naguère. Les habitants ont été accablés au plus haut point par les incendies, les pillages, les brigandages et les ravages commis dans les régions dévastées par l'ennemi... certains d'entre eux ont atteint de ce fait un tel degré de misère et de dénuement que tels auparavant qui distribuaient de leurs biens aux autres, sont obligés de goûter à la honte amère de la mendicité. »

Afin de résister à son adversaire, bien implanté par héritage en Guyenne, le roi de France eut à lever une importante armée. Une dévaluation de la livre tournoi (monnaie française de l'époque) et l'extension à tout le royaume de la gabelle, taxe sur le sel alors indispensable à la conservation des aliments, lui permirent de faire face aux lourds frais engagés. Ces charges nouvelles s'ajoutèrent à tous les autres impôts médiévaux qui écrasaient les humbles particulièrement atteints en ces temps de troubles et de misère.

Après la Guyenne et la Bretagne où une autre affaire de succession opposa Édouard et Philippe, la Normandie devint le lieu d'une incroyable chevauchée fantastique des troupes anglaises « brûlant et saccageant le pays » sur lequel elles s'approvisionnaient et s'équipaient selon l'illustre chroniqueur Froissart : « Ainsi était brûlé et ravagé, volé, gâté et pillé par les Anglais le bon et gras pays de Normandie. » En un mois, de mi-juillet à mi-août 1346, ces guerriers franchirent les trois cent cinquante kilomètres qui séparaient Paris de leur lieu de débarquement. Après sa victoire à Crécy, l'Anglais reprit sa marche triomphante et mit le siège devant Calais qui, affamée, se rendit au bout de onze mois. La femme du roi Édouard intervint pour sauver la vie des six fameux bourgeois qui s'étaient offerts pour épargner la ville. Cette anecdote célèbre traduit l'esprit du Moyen Age : une façon d'être brutal et courtois à la fois. Les Français furent chassés de Calais où des colons anglais s'installèrent pour deux siècles.

Pour beaucoup d'auteurs, c'est de là que la peste gagna l'Angleterre.

Or, pendant que « ceux de Calais » jeûnaient, une trêve finit par être signée le 28 septembre 1347 « entre les deux rois et leurs gens ». Souvent violée et renouvelée, cette suspension d'armes dura officiellement jusqu'en juin 1355 ; officieusement, le conflit continua en Bretagne, en Languedoc et dans le sud-ouest. Les mercenaires, libérés entre deux expéditions militaires, allaient à l'aventure et détroussaient « un riche abbé ou marchand ou un convoi de mulets » (Froissart). Ils pillaient « les vilains d'Auvergne ou de Limousin », exigeaient des rançons et semaient la désolation. Par ailleurs, lors des déplacements liés aux conflits, les gens d'armes traînaient avec eux la peste comme un fardeau dont ils s'allégeaient ici ou là, abandonnant les cadavres pestiférés qui étaient souvent la proie facile des loups nombreux en ces moments d'adversité où il n'y avait plus assez d'hommes pour organiser des battues. Ces animaux mouraient ensuite dans les bois, les champs ou aux portes de villes. Or, pour les illustres médecins de Paris, la décomposition des cadavres ni ensevelis ni brûlés, était une des causes essentielles de l'épidémie.

... « Signe est de pestilence
Quand l'air a grande infection...
Quand nous voyons que les oiseaux
Laissent leurs œufs et nids nouveaux
Et s'enfuient en autre terre...
Et quand la mer jette dehors
Grande quantité de poissons morts...
Ainsi nous pouvons, par conjoncture,
Pronostiquer mortalité
Quand la terre a stérilité...
Que nous voyons dans les clos et les champs
Les nouveaux grains et nouveaux fruits
Corrompus, gâtés et détruits
Par l'air infect ou mauvais vent... »

Olivier de la Haye,
Poème de la Grande Peste de 1348.

L'insalubrité, certes, était grande à la ville comme à la campagne puisque les morts demeuraient aux côtés des vivants, au cœur des paroisses, dans ou à côté des églises. L'enfouissement superficiel des corps corrompait les eaux des fontaines et des puits nourriciers. Sur le pavé des rues étroites, sinueuses, peu éclairées en raison de la proximité des encorbellements se faisant face, un ruisseau, appelé justement merderel, recueillait les déchets domestiques, le sang des boucheries, l'eau puante des tanneries, les immondices que faisaient disparaître les porcs et les chiens laissés errants dans ce but. Les latrines étaient un luxe. On ne buvait pas d'eau bouillie. La place du marché, au centre du bourg, devant l'hôtel de ville ou la cathédrale, au débouché d'un pont ou près de la porte principale, gardait longtemps les traces de ses activités. De temps à autre, à la veille d'une grande occasion, jour de parade et de fête, entrée royale avec défilé, procession religieuse, on s'activait à balayer, laver, déblayer voire même à curer un fossé mais la saleté reprenait vite ses droits. Les douves, au pied des murailles, étaient l'exutoire le plus prisé. Durant le XIIIe siècle, l'essor démographique et commercial joint à un besoin de sécurité avait attiré en ville de nombreux ruraux au point que les cités étouffaient dans le cadre imposé par leurs remparts. Grande était donc la promiscuité dans les maisons, frileusement serrées les unes contre les autres ; les fenêtres presque opaques s'ouvraient rarement, ne permettant pas l'aération des salles. A la campagne, hommes et bêtes cohabitaient. Autant de conditions idéales pour l'installation et la propagation d'une épidémie quelle qu'elle soit, fût-ce même la peste !

Réactions humaines

« Le père ne visitait pas son fils, ni le fils son père : la charité était morte et l'espérance abattue. »
Guy de Chauliac, « La Grande Chirurgie ».

LA PEUR

« Peu osait à l'air aller
Ni de près ensemble parler
Car leurs corrompues haleines
Corrompaient les autres saines »
Guillaume de Machaut, Jugement du Roi de Navarre.

Au XIVe siècle, la peur de la peste n'eut pour rivale que la peur de Satan. Ce mal, au nom tabou et dont on taisait les ravages ou l'approche, leva les masques : les hommes furent tels que leurs gènes les avaient façonnés. Il n'y eut pas choc affectif et psychique plus violent que la peste : « Alors cessa la voix de l'époux et de l'épouse, le son de la cithare et les chants joyeux de la jeunesse » (Odéric Raynold). Cette commotion fut collective, comme l'était la maladie, en cette époque de vie communautaire qu'était le Moyen Age. Outre l'épouvante d'une mort horrible, l'effondrement de toutes les coutumes patiemment élaborées au cours des âges, la disparition du cadre social et familial, l'abandon de tout projet furent autant de traumatismes profonds qui marquèrent la conscience humaine pour les siècles à venir. Le seul espoir de survie anima certains.

Afin d'éviter la panique, le deuil fut d'abord discret : son de cloches et vêtements noirs interdits, puis enterrements nocturnes uniquement ; mais très vite, l'intensité du drame empêcha toute précaution psychologique.

Tous les témoins s'accordent pour signaler la perte des sentiments les plus ancrés dans l'homme : l'amour filial ou fraternel, l'amitié.

Richard de Saint-Victor de Paris écrivait : « L'an de grâce 1348, environ la Saint-Jacques, entra la grande mortalité en Normandie, venant de Gascogne, Poitou, Bretagne et s'en vint tout droit en Picardie. Elle fut si horrible que les villes où elle entrait perdaient la moitié de leurs gens et n'osait le père aller voir son fils ni le frère sa sœur, nul ne voulait se garder l'un l'autre, car sentir l'haleine l'un de l'autre, c'était ne pouvoir en réchapper. »

En effet, remarqua Simon de Couvin, « ceux qui s'efforcent d'administrer aux malades les secours ordinaires en sont les victimes. Il en arrive autant aux prêtres, sacrés médecins des âmes, qui étaient saisis de la peste pendant l'administration des secours spirituels et souvent par le seul attouchement ou par le seul souffle de la peste, ils périssaient plus vite que les malades qu'ils étaient venus secourir ». « Comme il y a un danger réel et certain à approcher des malades – constatait Chalin de Vinario – peu de médecins, si ce n'est en vue de grandes récompenses, affrontent un si grand péril... Ils font bien, à mon avis, car beaucoup de ceux qui n'ont pas prudence de s'en

Réactions humaines

abstenir ont péri, enveloppés dans la ruine de leurs clients. Personne n'est d'une folie assez aveugle pour s'inquiéter du salut des autres avant le sien, surtout dans une maladie où la contagion est si rapide. »

Guy de Chauliac rougit de ses confrères, les médecins, qui non seulement étaient impuissants à enrayer et guérir le mal mais encore « n'osaient visiter les malades, de peur d'être infectés : et quand ils visitaient, ils ne faisaient guère et ne gagnaient rien : car tous les malades mouraient, excepté quelque peu sur la fin, qui en échappaient avec des bubons morts ».

Le collège médical de la Sorbonne recommandait : « il faut avoir le soin d'éloigner les hommes sains de ceux dont la maladie répand une mauvaise odeur... Nous leur conseillons de s'en éloigner, car c'est ainsi qu'un grand nombre ont été atteints de la peste » et il reprit à son compte l'ordre ancien d'Hippocrate « Cito, longe fugas et tarde redeas » (pars vite, loin et reviens tard).

LA FUITE

Beaucoup n'avaient pas attendu cette suggestion pour partir, tels les sept jeunes filles et trois jeunes gens du « Décaméron » qui abandonnèrent Florence pour une propriété isolée de la campagne toscane. Là, chacun, chaque jour, raconta une histoire. Dans la ville pestiférée, « la plupart des maisons tombaient dans le domaine public ; les étrangers qui s'y étaient introduits régnaient en maîtres. Certains disaient que le plus sûr garant contre les germes du mal était la fuite. Dans cette conviction, ils n'avaient plus souci que d'eux-mêmes et beaucoup

L'abandon des terres

Car plusieurs alors certainement
Entendirent dire communément
Qu'en mil trois cent quarante neuf
De cent ne demeurait que neuf.
Donc vint par défaut de gens
Que maint bel héritage
Demeurait à labourer,
Nul ne labourait les champs,
Liait les blés et vendangeait,
Qui en donnait triple salaire
Non certes pour un denier vingt
Tant étaient mort et savait
Que par les champs les bêtes
Gisaient toutes éperdues,
Les blés et les vignes passaient
De partout on volait
Les seigneurs n'avaient pas de pasteurs
Personne ne les réclamait
. . . .
Plusieurs héritages...
Demeuraient sans seigneur
Nul vivant n'osait vivre
... dans le manoir
Ou les morts avaient été.
Fusse en hiver, fusse en été
Et celui qui le fit
Se mit en péril de mort.

Guillaume de Machaut,
Jugement du Roi de Navarre.

d'hommes ou de femmes abandonnaient leur ville, leurs biens meubles et immeubles, partant pour des provinces voisines. Les gardiens et les ministres de la loi étaient tous morts, malades ou si démunis d'auxiliaires que toute activité leur était interdite ». Cependant « la pauvreté ou quelque vague attente retenait chez eux la plupart de ces gens (le menu peuple). Ils ne s'écartaient guère de leurs quartiers, et c'est par milliers que chaque jour ils tombaient malades. Certains expiraient de jour ou de nuit sur la voie publique ; et beaucoup d'autres, morts à domicile, transmettaient à leurs voisins l'annonce de leur décès par l'odeur infecte de leur chair corrompue. Tout regorgeait de ces cadavres. Le danger redoutable qu'entraînait la putréfaction dictait aux voisins la conduite suivante : ils enlevaient des maisons les corps et les exposaient devant leurs portes. On disposait les corps sur un carré de bois. Plus d'une caisse servit au commun transport de deux ou trois. Il était fréquent que sur les mêmes planches furent posés mari et femme, deux ou trois frères, père et fils. Mais les malheureux n'étaient point, pour autant, honorés de larmes, de luminaire ou de cortège. Comme toutes les tombes étaient pleines, on creusait donc, dans les cimetières attenant aux églises, des fosses très profondes où par centaines se casaient les nouveaux arrivés ».

Les rites de la mort disparurent : toilette et veillée funèbres, cérémonies et funérailles religieuses où parents, amis assistaient et accompagnaient le défunt à sa dernière demeure, lui donnant une preuve ultime de leur attachement à sa personne, de leur douleur de son départ. La mort devint impersonnelle, le mort anonyme. Comment imaginer que des corps si méprisés au terme de leur vie puissent ressusciter au Dernier Jour, comme l'annonçait l'Évangile ? Comment supporter la rupture d'une célébration aussi vieille que l'homme peut-être ? Comment admettre que tant d'hommes puissent quitter ce monde sans être purifiés de leurs pêchés soit à cause de la « male mort », trop rapide pour avoir été préparée, soit à cause de l'absence, de l'insuffisance ou du décès des prêtres ? Là était l'une des plus grandes atteintes à l'équilibre mental des hommes dont les structures de pensée, forgées par l'Église depuis des décennies, ne pouvaient accepter ces maux que parce qu'ils étaient un châtiment de Dieu. Plus que la souffrance et le trépas, beaucoup redoutèrent le sort commun qui les attendait dans ces villes silencieuses et moribondes où chaque vivant n'était là qu'en sursis.

Rompant brutalement avec ce spectacle, certains optèrent pour la fête. Simon de Couvin reconnaît que, « durant la peste, les passions humaines se déchaînèrent avec plus de licence et de fureur que jamais parce que ces irrésistibles calamités exercent toujours une influence fâcheuse sur le moral des hommes ». En effet, « dans l'excès d'affliction et de misère, le prestige et l'autorité des lois divines et humaines s'effritaient et croulaient entièrement. N'importe qui avait donc licence d'agir au gré de son caprice. Pour certains, il n'y avait pas de remède plus sûr contre un si grand mal que de se réjouir, de chanter à tous propos, d'aller çà et là, de satisfaire tous ses désirs, de rire et de se moquer des événements. Jour et nuit, ils couraient d'une taverne à l'autre, vivaient sans règle et sans mesure » (Boccace). D'autres s'enfermèrent avec des provisions et se gardèrent de tout excès pour échapper au fléau. Ainsi agit Guillaume de Machaut :

« Et quand je vis ces aventures
Si diverses et si obscures
Je ne fus pas plus hardi
Que tous les couards
Car tous les plus hardis tremblaient
Et peur de la mort qu'ils avaient !
Si bien que je me confessai
De tous les péchés que j'ai fait
Et me mis en état de grâce
Pour recevoir la mort en place
Qu'il plut à Notre Seigneur...
Et dedans ma maison m'enfermai. »

Dans les campagnes où les fuyards semèrent la peste, la situation n'était pas meilleure. « Que ce fût sur les routes, dans les champs, dans les maisons, les misérables laboureurs et leurs familles, le jour aussi bien que la nuit, mouraient non comme des êtres humains, mais comme des animaux » (Boccace).

Cependant, les paysans avaient souvent sur les citadins un avantage prophylactique essentiel, celui de l'isolement ; c'est pourquoi « les villes qui voulaient éviter le fléau défendaient leur entrée à tous les étrangers » (Oderic Raynold).

Le plaisir et tous les moyens de l'atteindre

« Chacun se livra à la poursuite du plaisir avec une audace qu'il cachait auparavant. Le plaisir et tous les moyens pour l'atteindre, voilà ce qu'on jugeait beau et utile. Nul n'était retenu ni par la crainte des dieux, ni par les lois humaines. On ne faisait pas plus de cas de la piété que de l'impiété ; de plus, on ne pensait pas vivre assez longtemps pour avoir à rendre compte de ses fautes. Ce qui importait davantage, c'était l'arrêt déjà rendu et menaçant ; avant de le subir mieux valait tirer de la vie quelque jouissance. On chercha les profits et les jouissances rapides puisque la vie et les richesses étaient également éphémères. »

Thucydide, *La Peste d'Athènes,*
ve siècle avant J.-C.

Aux quatre Vents

La peste, génératrice de mœurs nouvelles

Comme les voisins, parents et amis abandonnaient les malades, comme les domestiques se faisaient rares, une pratique s'établit, inconnue jusqu'alors. Quel que fut son élégance, sa beauté et son rang, une dame était-elle atteinte, peu importait la sorte d'homme qu'elle avait à son service, et qu'il fût vieux ou jeune. Pour peu que les exigences de la maladie se fissent sentir, elle lui dévoilait n'importe quelle partie de son corps... Il se peut qu'un tel laisser aller fût ensuite, chez celles qui guérissaient, l'origine de mœurs plus dissolues... Enfin, sous l'effet de la nécessité, des coutumes contraires à celles qui avaient d'abord cours dans la ville s'établirent chez ceux qui demeuraient vivants.

C'était l'usage – un usage qu'on voit encore persister de nos jours – que les dames, cousines ou voisines d'un mort, se réunissent dans sa maison pour joindre leurs larmes à celles des plus proches parentes. D'autre part, les voisins et bon nombre d'autres bourgeois, se groupaient avec la famille devant la maison mortuaire. Les gens d'Église s'y rendaient aussi, à proportion du rang social qu'avait eu le défunt. Puis, le cortège funèbre, avec chants et luminaires, le transportait à l'église dont il avait fait le choix avant de mourir. Mais, quand l'épidémie commença de manifester sa violence, de telles pratiques cessèrent totalement ou en grande partie. Il s'en établit d'autres à leur place... Beaucoup décédaient sans témoins. Bien rares étaient ceux à qui ne faisaient pas défaut les plaintes déchirantes et les larmes amères de leurs proches. En échange, s'installaient le rire, les badinages d'une compagnie qu'étourdit la fête...

Boccace, *Le Décaméron.*

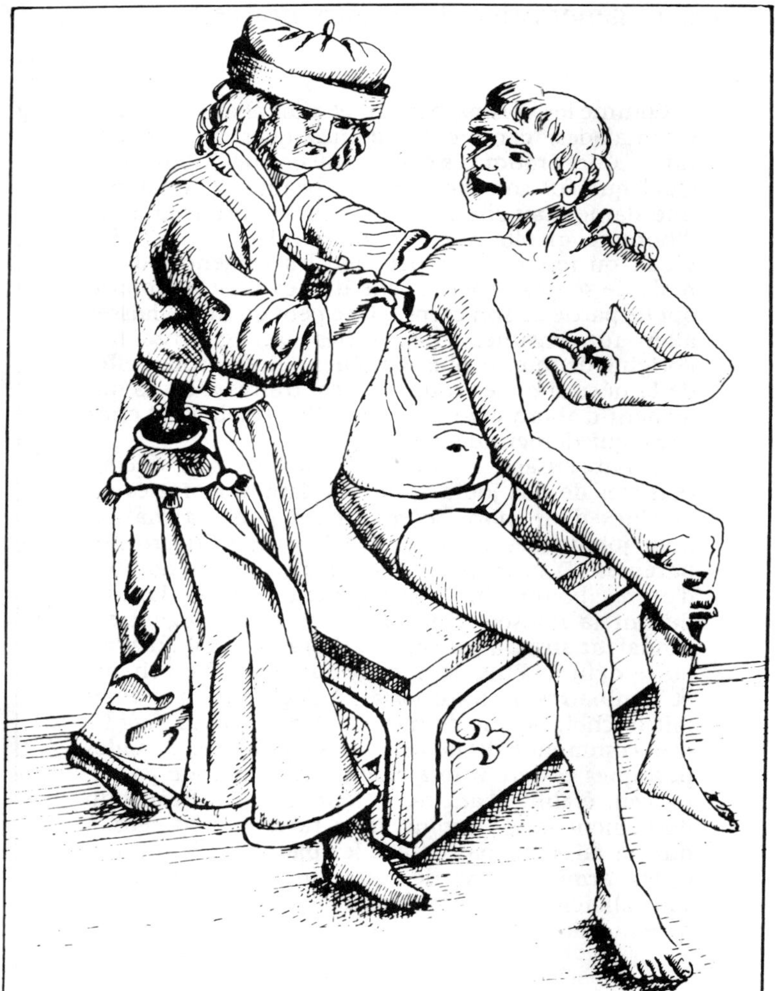

LES SOINS

Les hommes furent surpris par l'épidémie dont leur mémoire avait perdu le souvenir. Il en résulta généralement beaucoup d'inorganisation et d'improvisation ; panique, fuite, claustration... Néanmoins, une fois l'étonnement passé, on s'organisa. Ainsi, en Avignon, le mécène Clément VI acheta un terrain isolé pour y installer les malades dans des cabanes et les y faire soigner par des médecins indemnisés de ses deniers ; pour remplacer les fossoyeurs décédés, il fit descendre des montagnes voisines des hommes robustes, qu'il crut capable de résister à la peste. Il autorisa les chirurgiens à pratiquer des autopsies, ce que les canons de l'Église interdisaient formellement puisque les corps devaient ressusciter dans l'état où la mort les avait laissés. A Bordeaux on livra au feu purificateur tout un quartier particulièrement contaminé. A Montpellier les condamnés à mort devinrent enterreurs. A Paris, où l'on estime qu'il y avait un médecin pour 7 000 personnes en moyenne, « leur charité paraît davantage en l'établissement d'une congrégation de médecins deux fois la semaine, le mercredi et le samedi, pour donner conseils et remèdes gratuitement à tous venants, pauvres et nécessiteux à leurs dépens ».

Quant aux traitements médicaux, on en distingua deux sortes : les préventifs et les curatifs.

Pour Guy de Chauliac, la meilleure prophylaxie consiste à fuir, se purger avec des pilules à base d'aloès, se saigner, purifier l'air par le feu, prendre de la thériaque, composé savant de produits divers et variables considéré comme la panacée, consommer des fruits et des plantes parfumées,

« consoler les humeurs de bol arménien et résister à la pourriture par des choses aigres ». Le bol d'Arménie était une argile rouge, grasse au toucher, contenant de l'oxyde de fer, absorbée dans un bol ou utilisée sous forme de boue pour soigner les bubons.

Plusieurs chapitres du poème sur la Grande Peste d'Olivier de la Haye reconduisent les sages prescriptions du « Compendium de epidimia » établi par le collège ordinaire des médecins de la Faculté de Paris. Les points sur lesquels un homme expérimenté devait porter son attention en temps d'épidémie étaient essentiellement « air, repos, travail, boisson, nourriture, sommeil. La bosse peut être évitée par saignées en temps convenable ou purge en forme agréable ; il faut s'enfuir s'il est possible, loin des marais, lacs, fosses et cimetières, hors des lieux puants, boueux ; il faut clore jour et nuit tous les huis et toutes les fenêtres » exposés au sud, car le vent du sud est nuisible, la meilleure orientation étant le nord et l'est. Comme les universitaires parisiens, l'auteur préconisait des feux de bois sec et odoriférant « comme églantier, genièvre, frêne, cyprès, romarin, vigne et chêne ». La meilleure protection venant de fumigation faite à minuit, le soir et le matin, dans la maison ou chambre avec « des bois d'aloès, de musc ou d'ambre pour les riches et les puissants » et pour les autres avec « du storax (baume parfumé), du mastic (résine), de la calamite (gomme-résine), de l'oliban (sorte d'encens), de la marjolaine et des troncs de choux ». En été et par forte chaleur, il convenait « d'arroser légèrement la chambre d'eau très froide et de vinaigre et dessus semer volontiers des roses et des fleurs d'églantiers ».

Les exercices physiques et la fréquentation des étuves étaient à proscrire :

« C'est chose sotte
Que jouer lors à la pelote
Courre, lutter, jeter la pierre
Et cheminer...
Le bain chaud, je vous assure
Lâche le corps de sa nature
Et le rend faible. »

Par ailleurs, il fallait être sobre. Traduisant le latin de la Faculté de Paris, Olivier de la Haye conseillait avec elle un régime alimentaire précis : éviter les viandes de bœuf, porc, chèvre, lièvre, sanglier, cerf, des oiseaux d'eau et les poissons ; consommer plutôt rôties que bouillies les viandes légères de chevreau, agneau, veau, lapin, chapon, jeune poulet, gélinotte, perdrix, faisan, merle, épicées de cannelle, muscade, vinaigre, gingembre, clous de girofle, oseille ; absorber des potages composés de pois, de lentilles, de bourrache, d'épinards, de persil, de bette, de menthe ; manger du pain de bon froment, bien cuit, des fromages, des œufs, certains fruits comme les grenades, les citrons, les coings, les nèfles, les cornouilles, les figues ; ne pas boire de lait mais du vin coupé d'eau ou une eau « très profitable » ainsi fabriquée « Prenez deux drachmes (6,5 grammes, 1 drachme valant 3 grammes 26 centigrammes) d'aloès léger, une drachme d'ambre ; du musc : demi-drachme ; de la girofle, trois drachmes ; de la marjolaine, de la fleur de romarin, de chacune une drachme ; de la menthe, demi-drachme, parce qu'elle réconforte le cœur, et de ces choses faites une poudre et mettez-la dans un sachet puis trempez-la dans quatre livres d'eau de rose et un demi-quarteron de vin blanc aigre » (le quarteron est le quart d'une livre). Il faut aussi bien dormir, la nuit plutôt que le jour ! Enfin, avec les médecins de la Sorbonne, l'auteur recommandait « l'abstinence de femme » et « de vivre lors joyeusement ». Et avoir toujours « bon espoir », chasser « angoisse, peur, tristesse, ire comme choses qui peuvent nuire ». Précaution supplémentaire, il était bon de garder toujours en main une pomme d'ambre...

La pomme d'ambre

(...)
Après prenez, je vous annonce,
De bois d'aloès demie once
Et de l'huile muscatellin(*e*),
Et par autant d'huile nardin
(*nard = rhizome aromatique*)
Et que de fait pourra suffire
Et ajoutez un peu de cire
Qui blanche soit, et d'ambre grise
Une juste dragme à devise
Et de pur musc, sans faillir mie (*se tromper*)
Une dragme avec une demie
Et de camphre finalement
Le poids de dix grains de froment
De toutes ces susdites choses
Cette pomme ainsi compose.

Olivier de la Haye,
Poème sur la Grande Peste de 1348.

Pour ceux qui étaient en contact avec les pestiférés, Bernard de Gordon, médecin de Montpellier, considérait dans son traité d'épidémie que les précautions élémentaires consistaient d'abord à mettre un linge sur le visage du malade d'où émanait le souffle pestilentiel et ensuite de se protéger les voies respiratoires par le port soit d'un sachet rempli de feuillets de rue (herbe malodorante) ou de cumin, soit d'une éponge imbibée de vinaigre. Un auteur anoyme invitait aussi à changer le linge trois fois par semaine, à se laver les mains et les pieds avec de l'eau infusée...

Autant de sages préceptes d'hygiène de vie que des documents de toutes sortes : médicaux, poétiques et épistolaires, renouvelèrent inlassablement, souvent en vain hélas ! Et une fois la peste contractée, une thérapeutique s'imposait. Elle devait avoir une double orientation : l'une interne, l'autre externe. Cédons ici encore la place à l'habile Guy de Chauliac qui, en six semaines, sut se guérir.

« Pour la curative on faisait des saignées et des évacuations, des électuaires et des sirops cordiaux. Et les apostèmes extérieurs étaient mûris avec des figues et des oignons cuits, pilés et mêlés avec du levain et du beurre, puis étaient ouverts, et traités comme des ulcères. Les carboncles (charbons) étaient ventousés, scarifiés et cautérisés. Et moi pour éviter infamie, n'osai point m'absenter : mais avec continuelle peur je me préservai tant que je pus, moyennant les susdits remèdes. »

La saignée apparaissait comme essentielle dans le traitement de toutes les maladies, à la fois pour s'en préserver et en guérir. En fait, cette médication était souvent plus nuisible qu'utile, en particulier pour la peste. Selon la résistance du patient une ou plusieurs ponctions étaient pratiquées au bras pour un bubon pectoral, au cou pour un apostème cervical, aux veines saphènes [1] pour les « bosses » situées sous la ceinture : sur le ventre, le dos, les cuisses, les aines. Ces prises de sang permettaient « d'expulser les humeurs morbides ». Dans le même temps,

> « Pour attirer le venin dehors
> Et le garder d'entrer au corps
> Et, cessant la phlébotomie [2]
> Il faut par art et industrie
> Purger l'humeur courtoisement » (Olivier de la Haye).

Tout en subissant ces traitements, le malade était réconforté par toutes sortes de cordiaux essentiellement à base de plantes, mais aussi de terre ou de pierre. Divers antidotes, sous forme de pilules, de trochisques [3], d'électuaires [4] devaient l'amener à la guérison. Tous les auteurs se flattaient d'emprunter ces formules médicinales aux maîtres de l'Antiquité et surtout aux grands médecins arabes. C'était pour eux et leurs malades une garantie d'efficacité ! Puis il fallait faire suppurer les abcès au

1. Veines saphènes : deux veines de la jambe.
2. Phlébotomie : le fait de pratiquer des saignées.
3. Trochisque : médicament solide, composé de substances sèches réduites en poudre.
4. Électuaire : médicament fait de poudres composées, de pulpes et d'extraits, avec des sirops à base de sucre ou de miel.

moyen de pommade ainsi obtenue : « Prenez quatre gros (un gros vaut 3 grammes) de levain ; moutarde, rue, scabieuse, absinthe, de chaque, une poignée ; deux racines de lys blanc ; deux gros de vitriol ; dix cantharides (coléoptères mis en poudre) ; si cela n'était pas repoussant, j'y joindrais des excréments humains – dixit Gentile da Foligno – mais je n'insisterai pas pour ce motif ; un gros de galbanum (gomme-résine) ; trois noix rances ; une quantité suffisante d'huile de lys. Composez l'emplâtre en faisant cuire dans l'huile de lys les plantes, et en y ajoutant les autres choses selon l'art. Cet emplâtre altère et ulcère... » Ensuite les médecins cautérisaient avec du vitriol, de l'arsenic, de la chaux vive, une mixture de chaux et de savon... On scarifiait aussi « avec le fer » bubons et charbons, on les couvrait de ventouses pour en attirer le venin. Il est inutile d'insister sur les souffrances épouvantables qu'avaient à subir les pestiférés par le fait de la médecine d'alors, douleurs qui s'ajoutaient à celles procurées par la seule maladie. Ces soins ont-ils hâté la fin de Gentile ? Guy de Chauliac se rétablit-il grâce à un traitement plus raisonnable ou grâce à une meilleure constitution ?

« Car le doux Dieu, acteur de vie
Laisse Nature, sa chambrière
Œuvrer et faire à sa manière » (Olivier de la Haye).

La terre sigillée, curieux mithridate

La propriété de la terre sigillée est de débarrasser, par le vomissement, l'estomac des poisons qu'il peut contenir et d'immuniser les corps. C'est pourquoi les rois et les princes de l'Orient et du Midi, contrées qui produisent des poisons secrets dont on se sert pour faire périr les hommes, ont l'habitude, depuis ces criminelles tentatives qui ont eu lieu jusqu'à nos jours, de manger de la terre sigillée à chacun de leurs repas ; et cette espèce de terre était revêtue du sceau des rois, d'où elle reçut le nom de terre sigillée *(de sigillum : sceau, cachet)*. Mais la garantie des sceaux n'existe plus aujourd'hui ; car la terre sigillée qui nous est envoyée ne porte plus l'empreinte du sceau des rois.

L'odeur de l'urine de bouc est aussi fort salutaire... (*il est aujourd'hui prouvé que les puces, porteuses du bacille de peste, craignent les odeurs fortes*).

Conseil contre l'épidémie,
Gentile da Foligno, auteur italien
qui mourut de la peste le 13 juin 1348 à Pérouse.

Boire de l'or

« Prenez perles blanches un demi-scrupule ; fragments de saphir et d'émeraude, de chaque, deux gros ; terre sigillée, un gros ; syricus (*sorte de terre rouge*) cru et broyé, un demi-gros ; émeraude rouge, un gros ; rose ce que vous voudrez ; ajoutez-y de l'eau de rose dans laquelle vous aurez frotté une verge d'or jusqu'à ce qu'il paraisse des traces évidentes de couleur d'or. Si vous n'avez pas de verge d'or, servez-vous de ducats jusqu'à ce que la mixture ait pris une teinte d'or. L'or potable se compose fréquemment ainsi qu'il suit : prenez or très fin, un gros ; argent vif (*mercure*), deux gros que vous laissez ensemble jusqu'à dissolution de l'or. Mettez ce mélange dans un alambic exposé à un feu lent, jusqu'à ce que le vif argent sorte par l'orifice de l'alambic ; placez le tout bien clos dans un alambic de verre ; entretenez au-dessus un feu égal et continu pendant trois jours et trois nuits et si vous avez procédé avec soin, vous trouverez à la fin de l'opération que l'eau n'est pas entièrement consommée et que l'or est liquide. Cet or potable est très cordial et très digestif » !...

Gentile da Foligno

MAGIE ET ALCHIMIE

Chalin de Vinario affirmait à la suite d'Arnauld de Villeneuve, médecin alchimiste de Montpellier dont Guy de Chauliac s'inspira pour la fabrication de son électuaire salvateur, que l'or bouilli et fondu dans l'eau était un excellent préservatif de la peste ! L'alchimie, cette première forme de la chimie, cherchait à produire de l'or par la transmutation des métaux et à prolonger la vie humaine, aussi s'intéressa-t-elle au traitement de la peste. Il fut conseillé par exemple de boire de l'eau distillée dans un alambic d'or.

La magie représentait un plus puissant secours encore parce qu'elle était à la portée de tous dans un monde superstitieux où l'irrationnel tenait une très grande place. Réel et merveilleux se confondaient ; les êtres surnaturels, dont le diable, étaient une réalité tout autant que la peste. On prit contre elle les mêmes mesures que celles que l'on utilisait contre Satan : formules magiques tel le fameux abracadabra, incantations, signes astrologiques, amulettes et talismans divers. On protégea les maisons à l'aide soit de croix fléchées soit d'un tau grec enlacé d'un serpent, peut-être en souvenir du caducée de Mercure, messager des dieux. L'ambre et les pierres précieuses étaient créditées d'un immense pouvoir prophylactique de même que les multiples sachets de poudre savante et secrète fixés à un vêtement, tout près du corps.

Ainsi, l'émeraude portée au doigt par Clément VI devait contribuer à rendre le venin pestilentiel inopérant en particulier si elle était tournée vers le sud ou vers l'est. Le pape lui-même et ses cardinaux manifestèrent beaucoup de superstitions en affirmant que « tous ceux qui entendraient la messe pour le temps de peste avec à la main une chandelle allumée pendant cinq jours consécutifs ne pourraient être frappés de mort subite ».

Mais le meilleur des exorcismes libérateurs de la peste et de la peur qu'elle engendrait, consista à laisser s'épanouir une cruelle agressivité dont les juifs furent les principales victimes.

Fanatisme et piété

LE MASSACRE DES JUIFS

Depuis la première croisade et la prise de Jérusalem, l'Église ne cessait de dénoncer les juifs comme déicides. Au cours de la seconde croisade, l'abbé de Cluny, Pierre le Vénérable, n'avait-il pas clamé : « A quoi bon s'en aller au bout du monde combattre les Sarrasins quand nous laissons demeurer parmi nous d'autres infidèles mille fois plus coupables envers le Christ que les Mahométans ! »

Par ailleurs, à partir du XIIe siècle, la montée des marchands chrétiens dans le commerce occidental provoqua un profond antagonisme entre eux et les commerçants juifs traditionnels. De son côté l'Église continua ses réprimandes : en 1215, le concile de Latran IV obligea les israélites à ne pas exercer de fonctions publiques, à ne pas cohabiter avec les chrétiens, à se distinguer d'eux par l'habit. A partir de cette date jusqu'au dernier tiers du XIVe siècle, onze autres conciles et, en France, neuf ordonnances royales contraignirent les juifs à porter le signe distinctif de la rouelle [1] jaune. En 1267, les conciles de Breslau et de Vienne défendirent aux « croyants » de s'approvisionner dans les épiceries et boucheries juives de peur que ce peuple maudit « qui tient les chrétiens pour leurs ennemis, ne les empoisonne perfidement ».

Ainsi, la civilisation médiévale, profondément enracinée dans le christianisme, exclut les israélites de toute l'organisation sociale occidentale : vassalité, chevalerie, mouvement communal ; peu à peu, ils furent rejetés de l'accession aux métiers et aux corporations ; l'acquisition ou la concession de terres leur fut rendue difficile. Ils vécurent en marge, souvent parqués dans des ghettos, et se spécialisèrent de plus en plus dans le commerce de l'argent resté longtemps interdit aux chrétiens. La mentalité médiévale les condamna donc à double titre : religieux et économique. Toutes les fois que surgit une crise, ils devinrent les boucs émissaires, exutoire de la fureur populaire. Peu de temps avant l'arrivée de la peste noire en France, un pogrom avait sévi contre eux dans le Sud-Ouest. En effet depuis le début de l'année 1320, une rumeur circulait accusant les juifs d'avoir soudoyé les lépreux pour empoisonner les chrétiens. Les uns et les autres auraient participé à un vaste complot conçu par le roi de Grenade pour exterminer la « gent » chrétienne qu'il ne pouvait vaincre par les armes. Au printemps, des « pastoureaux [2] » venus du nord du pays, parce que chassés de leurs terres par la famine, massacrèrent et pillèrent plusieurs communautés juives. L'année suivante, le roi Philippe V mit officiellement fin à l'affaire en donnant

1. Rouelle : signe distinctif ayant une forme de croissant.
2. Pastoureaux : pasteurs, bergers. Il s'agit ici de villageois fanatiques.

« commission à divers sénéchaux et baillis pour faire procès aux juifs pour plusieurs maléfices et excès laids et horribles qu'ils ont faits, spécialement parce qu'ils sont soupçonnés d'avoir participé et conspiré avec les mézeaux (lépreux) à mettre des poisons mortels en puits, fontaines et autres lieux ». Dans de nombreuses localités comme à Chinon, Tours, Périgueux, la répression fut impitoyable. Les familles juives éliminées laissèrent vacants leurs biens fonciers et mobiliers dont les autres s'emparèrent.

D'autre part, dans certaines villes comme à Montpellier en particulier, les médecins se recrutaient souvent parmi les israélites, ainsi d'ailleurs que les apothicaires. La santé des chrétiens était donc entre les mains du peuple honni, raison supplémentaire pour l'expulser des fonctions médicales et prendre sa place en temps d'épidémie afin qu'il ne puisse pas fabriquer des drogues dangereuses pour ses ennemis héréditaires.

En 1348, il semble que les massacres commencèrent là où la peste était arrivée en France, c'est-à-dire sur le littoral méditerranéen. Mi-avril, la folie collective mit à mort quarante juifs à Toulon, puis s'étendit à la Provence en mai contre la volonté protectrice des autorités locales. Ceux qui purent fuir le massacre trouvèrent refuge dans le Comtat Venaissin et en Avignon où le pape Clément VI prononça l'excommunication de tous ceux qui tracasseraient les juifs. Malgré cette menace, les troubles s'infiltrèrent en Languedoc où Narbonne et Carcassonne, pestiférées depuis l'hiver, éliminèrent leurs israélites, dans la vallée du Rhône et dans les Alpes, y précédant la peste. En Savoie, le chirurgien Balavigny avoua sous la torture avoir infecté des fontaines avec de machiavéliques venins à base de serpents, crapauds, hosties et cœurs de chrétiens ! Ses « complices » et lui-même furent enfermés dans la synagogue à laquelle on mit le feu. Pour la même raison, les juifs de Chambéry furent arrêtés et incarcérés dans la forteresse de Montmélian. Leur transfert au château de Chambéry pour l'application de la sentence suscita un tel délire destructeur qu'il fallut exécuter trois meneurs afin d'apaiser la foule. Onze des juifs rescapés de ce massacre furent rassemblés dans une vieille grange remplie de paille et de bois qui fut incendiée. A Grenoble, capitale du Dauphiné, malgré les réticences du dauphin Humbert II, soixante-quatorze juifs furent occis par le feu et leurs biens donnés au monastère de Montfleury.

Durant l'été 1348, à Paris, des juifs poursuivis à l'arrivée de l'épidémie furent assassinés dans la rue qui, depuis, porte le nom de Transnonain, de l'ancien verbe transnoniser signifiant massacrer.

A l'automne, la Franche-Comté prit le relais. Une riche association juive partageait avec des marchands lombards le monopole du commerce dans la région ; la jalousie fut certainement une des causes de l'arrestation de quatre-vingts israélites à Vesoul où vivait le chef de l'association. Il en alla de même à Gray, Salins, Montbéliard. Au début de l'année suivante, les malheureux avouèrent sous la torture des délits d'empoisonnement qui les destinèrent à la potence ou au bûcher. Comme toujours, leur richesse fut accaparée. Mais c'est en Alsace, alors germanique, que la tragédie connut son paroxysme. Depuis 1337, un homme inspiré proclamait la nécessité d'exterminer les juifs pour sauver les chrétiens et dans ce but, il parcourait l'Alsace avec ses disciples pour l'accomplissement de sa mission. Les pouvoirs religieux et civils ne parvenaient pas à mettre un terme à son fanatisme. C'est pourquoi, en janvier 1349, lorsque les bruits d'empoisonnement par les juifs arrivèrent dans la région, l'évêque de Strasbourg réunit à Benfeld tous les seigneurs de la contrée afin de prévenir les massacres. Mécontents des décisions prises, les Strasbourgeois se rassemblèrent sur la place de la cathédrale au début du mois suivant, obligèrent les magistrats à démissionner et les remplacèrent par des hommes issus de leur rang. Le 14 février, la moitié des 1 884 juifs de la ville, mis à nu, furent brûlés dans une grande fosse creusée dans leur cimetière. Il y avait parmi eux des enfants, des femmes, des vieillards. L'autre moitié, entassée dans la rue des juifs, devait quitter chaque soir la ville jusqu'au lendemain matin, au son de deux trompes de fer qui ponctuaient leur va-et-vient du haut des tours de la cathédrale. Les persécutions continuèrent, plus cruelles encore, pendant toute l'année 1349 le long du Rhin, en Belgique, en Suisse, en Allemagne centrale, septentrionale et jusqu'en Pologne. Au cours de l'année suivante, le calme revint. La peste noire avait donc été responsable de l'ultime manifestation médiévale férocement antisémite.

Pour certains auteurs de l'époque, les flagellants avaient largement contribué à répandre la persécution.

> « Les Teutons frappés de terreur
> Ont créé la secte des flagellants
> Qui se réjouissaient de répandre leur propre sang
> Et dont eurent à souffrir les juifs. »
>
> (Simon de Couvin)

Flagellants et juifs

En l'an de grâce de Notre Seigneur 1349, allèrent les pénitents. Ce furent des gens qui faisaient des pénitences publiques et qui se battaient avec des courroies garnies d'aiguillons de fer au point qu'ils déchiraient leurs dos et leurs épaules. Ils chantaient des chansons très pitoyables sur la nativité et la souffrance de Notre Seigneur. Leur règlement les empêchait de dormir plus d'une nuit dans une bonne ville. Et ils allaient ainsi à travers le pays, faisant pénitence pendant trente trois jours et demi soit autant d'années que Jésus-Christ vécut sur terre et puis ils retournaient chez eux.

Ainsi fut cette habitude prise par grande humilité et pour prier Notre Seigneur de réfréner sa colère car, en ce temps, courait par tout le monde généralement une maladie qu'on appelait épidémie dont bien la tierce partie du monde mourut. Mais ce phénomène ne dura pas longtemps car l'église alla au devant. Et aucun d'entre eux n'entra au royaume de France car le roi le défendit à la suite du pape qui considéra que cette flagellation ne valait rien pour l'âme et qui excommunia tous ceux qui l'avait pratiquée et les clercs en particulier. Le pape persuada plusieurs d'entre eux d'aller en cour de Rome se faire absoudre.

En ce temps, les juifs furent pris et brûlés généralement par tout le monde et tous leurs biens confisqués, excepté en Avignon et en terre d'Église, sous les ailes du pape. Quand les pauvres juifs, qui étaient ainsi persécutés, pouvaient venir jusqu'en ces lieux, ils n'avaient garde de la mort. Une prédiction juive, vieille de cent ans, annonçait que lorsque apparaîtrait une sorte de gens qui porterait des verges de fer, ils seraient tous détruits. Et cette prévision parut se réaliser quand les pénitents allèrent se battant...

Chroniques de J. Froissart,
Chap. 71, § 330.

LES FLAGELLANTS

En 1260, à Pérouse d'abord, à Rome ensuite, puis dans toute l'Italie, s'organisa une secte de pénitents qui se fouettaient publiquement en chantant des cantiques pour prier Dieu d'arrêter les querelles entre guelfes et gibelins divisant alors le pays. L'année suivante, le mouvement franchit les Alpes et s'étendit à toute l'Europe centrale, particulièrement en Allemagne, en Rhénanie et en Alsace. En 1296, vingt-huit membres de cette faction se manifestaient encore à Strasbourg mais la peste noire fut l'occasion d'une renaissance importante du mouvement. Il semble qu'il soit parti de Vénétie en août 1348 et que, de là, il se soit répandu en Autriche, Hongrie, Pologne, Allemagne au début de l'année 1349. Ayant pris une ampleur exceptionnelle, la manifestation s'organisa puissamment. Son but était en effet d'apaiser l'ire de Dieu pour que l'épidémie cesse. En réalité, les flagellants participèrent vraisemblablement à la diffusion de cette dernière. Cette confrérie internationale de pénitents attira à elle de plus en plus de disciples, estimés à 800 000 à la Noël 1349. Pour les suivre, il convenait d'avoir reçu l'accord de sa femme et de son confesseur, de s'être acquitté de tous ses devoirs et dettes, d'avoir abandonné les armes. On s'engageait à obéir aux maîtres et aux règles de la secte, à suivre la procession pénitentielle pendant trente-trois jours et demi, soit autant de jours que d'années de la vie de Jésus-Christ. On revêtait alors un uniforme comprenant un manteau à capuchon marqué d'une croix devant et derrière.

Reçu chaque soir dans une maison différente, le pénitent ne devait pas parler aux femmes et ne rien recevoir d'elles ; il ne pouvait s'asseoir à la table de son hôte que s'il y était

autorisé ; sa nourriture n'était composée que d'aliments maigres ; le jeûne était obligatoire le vendredi. A son lever, avant et après les repas, l'ascète devait dire à genoux cinq Pater et cinq Ave ; à son départ, il prononçait quinze Pater et quinze Ave. Sa couche n'avait ni coussins ni draps, il ne pouvait prendre de l'eau que dans un vase posé à terre.

Avant d'entrer dans une ville ou un village, les flagellants se rangeaient processionnellement en rang de deux, précédés de bannières et de la croix. Ils chantaient des cantiques dans la langue du pays traversé. Arrivés dans l'église ou la cathédrale, ils s'y prosternaient les bras tendus en forme de croix puis se rassemblaient sur la plus vaste place du lieu où ils formaient un cercle, se déchaussaient, se dévêtaient le haut du corps et se couchaient à terre dans la poussière, la boue ou même la neige « dans différentes positions dont chacune indiquait la nature du crime qu'avait commis le repentant. L'adultère se couchait la face sur la terre ; le parjure se tenait couché sur le côté et levait trois de ses doigts, etc. ». Le chef les fouettait puis leur donnait ordre de se lever en ces termes :

« Lève-toi par la vertu de la souffrance pure,
Et garde-toi d'ajouter à tes péchés. »

Relevés, il se frappaient alors eux-mêmes, en psalmodiant

« Battons nos charognes bien fort
En nous souvenant de la grande misère
De Dieu et de sa piteuse mort... »

Génuflexions et flagellations se succédaient jusqu'à ce que les lanières de cuir nouées et terminées par des pointes de fer fassent jaillir le sang de leurs épaules.

Pour beaucoup de spectateurs attirés par ces scènes

d'hystérie collective, le sang ainsi versé était aussi pur que celui du Christ, c'est pourquoi ils le recueillaient dans des linges, comme des reliques de saints. La même religiosité maladive voulait qu'on leur amenât des aveugles, des infirmes, des invalides, persuadé qu'on était de leur pouvoir surnaturel !

Le cérémonial terminé, l'un d'entre eux lisait à voix haute une lettre « apportée du ciel par un ange » dans l'église Saint-Pierre de Jérusalem le 25 décembre 1348. Son contenu annonçait que la Vierge avait obtenu du Christ que tous ceux qui voyageraient et se mortifieraient ainsi, pendant trente-trois jours et demi, seraient pardonnés de toutes leurs fautes afin de pouvoir gagner le Paradis ! Ces mortifications se pratiquaient deux fois par jour, le matin et le soir et une fois la nuit. Lorsqu'un des leurs mourait, une flagellation supplémentaire, quinze Pater et quinze Ave étaient imposés à tous pour le salut définitif de son âme. Il fallait d'ailleurs être d'une nature particulièrement robuste pour résister à une telle vie !

Parmi les flagellants, il y avait beaucoup de pauvres gens, quelques prêtres et frères mendiants, peu de bourgeois et de nobles. Deux cents d'entre eux partant d'Allemagne arrivèrent à Strasbourg en même temps que la peste début juillet 1349. En septembre, venant de Flandre, ils passèrent à Maubeuge, Lille, Douai, Béthune, Saint-Omer, Arras et « des frontières de Picardie, ils vinrent jusqu'à Troyes en Champagne, puis à Reims et les marches environ mais ils ne passèrent plus avant ». En effet, l'exubérance de leur fanatisme choqua ; la malédiction qu'ils annonçaient aux juifs fut parfois à l'origine des persécutions :

> « Malheur à toi, usurier misérable ! – disait leur complainte –,
> Qui d'une seule once a bientôt fait une livre,
> Dans l'abîme de l'enfer elle t'enfoncera.
> Et vous, meurtriers et brigands !
> Devant Dieu vous êtes en abomination ;
> Puisque vous n'usez de miséricorde envers personne,
> A votre tour vous serez damnés pour l'éternité ! »

D'autre part, on leur reprochait d'être en marge de l'Église, de ne pas assister à la messe, de ne pas obéir à ses représentants, de ne pas chanter en latin. Le maître en théologie de l'Université de Paris, Jean de Fait, fut envoyé en Avignon pour décider avec le pape de l'attitude à avoir à leur égard. Or, deux mille pèlerins venaient d'arriver dans cette ville pour s'y faire reconnaître et approuver ; le soir même, ils étaient chassés des lieux et le 19 octobre 1349, Clément VI envoyait à tous les évêques une bulle les condamnant en ces termes : « Déjà les flagellants, sous prétexte de piété, ont fait couler le sang des juifs que la charité chrétienne doit préserver et protéger ; et fréquemment aussi le sang des chrétiens et, quand l'occasion s'est trouvée, ils ont volé les biens du clergé et des laïques et se sont arrogé l'autorité légale de leurs supérieurs et, en conséquence, on peut craindre que par leur hardiesse et impudence, un grave degré de perversion ne soit atteint si des mesures sévères ne sont pas prises immédiatement pour les supprimer. En conséquence nous ordonnons à nos archevêques que, dans leurs diocèses, ils déclarent en notre nom comme athées et interdites toutes les réunions, assemblées, ainsi que les usages et statuts des soi-disant flagellants. »

Le 3 décembre suivant, le pape écrivit au roi de France pour lui demander son concours, c'est pourquoi le 13 février 1350, Philippe VI ordonnait que « cette secte damnée et réprouvée par l'Église de Rome cesse... » et il s'affirmait prêt à aider « la Sainte Église par main armée ». On expulsa donc les flagellants du territoire français ; la secte, également bannie ailleurs, ne tarda pas à disparaître. Il ne devait jamais plus s'en former d'aussi importante en France.

Sans en arriver à de tels excès, de nombreux fidèles trouvèrent dans la foi et la piété un souverain remède à l'angoisse engendrée par la peste.

LA PIÉTÉ

« Le peuple chrétien visitait les temples et cherchait des secours dans les prières, les jeûnes et les aumônes. »
Oderic Raynold, Annales Ecclésiastiques.

Puisque la peste était un châtiment de Dieu, le seul espoir de s'en débarrasser était de se réconcilier avec lui par la confession et la pénitence qui effaçaient les fautes commises contre le créateur :

« Lorsque périclitent la charité et la vérité
L'orgueil, l'avarice et la luxure dominent
Chaque jour Dieu s'irrite contre le monde
A cause de ces trois fléaux. »

Or, la peste pneumonique engendrait « la male mort » c'est-à-dire la mort dans le péché sans l'absolution du prêtre et le pardon de Dieu. Rien n'était plus redouté qu'elle, on l'associa d'ailleurs à la peste soit à cause de la foudroyante façon qu'elle avait d'agir, soit aussi parce que le clergé, très atteint lui-même, ne put répondre aux appels de tous les mourants lors de la virulente épidémie du XIVe siècle. En effet, de nombreux ecclésiastiques succombèrent au chevet des pestiférés. Ainsi, le taux de mortalité des chanoines de Reims doubla, celui du chapitre de Saint-Seurin de Bordeaux atteignit 60 %, celui des Chartreux de cette ville quintupla par rapport à une année normale ; ce taux fut encore de 60 % chez les Filles-Dieu de Paris où le chapitre de Notre-Dame perdit deux fois plus de chanoines que d'habitude ; 95 % des dominicains de Montpellier, tous les cordeliers de Marseille, Carcassonne et Narbonne trépassèrent. Les ordres religieux, plus dévoués, paraissent d'ailleurs avoir souffert davantage que le clergé séculier dont la vocation était en ces temps moins solide que celle du clergé régulier. Les franciscains furent si décimés que l'un d'entre-eux put écrire « la famille franciscaine, qui avait jusque-là brillé splendidement dans l'église de Dieu, commença à baisser et à s'obscurcir, à cause de la mort de tant de Pères et de Frères, saints et lettrés ». Pendant le Carême 1348, 358 Frères Prêcheurs périrent en Provence. La cour pontificale fut elle-même très atteinte : 94 des 450 curialistes décédèrent ainsi que 42 % des membres de l'aumônerie, 30 % des cardinaux, 33 % des officiers domestiques, 30 % des damoiseaux, 14 % des hommes de la chancellerie ; dans la ville 66 Carmes moururent. Sur les conseils de Guy de Chauliac, le pape s'isola dans un château proche d'Avignon d'où il put dominer la situation et essayer d'y parer de son mieux. Plusieurs membres du haut clergé firent comme lui ; ainsi l'archevêque d'Aix-en-Provence se retira dans son château de Puyricard au nord de la ville, celui de Bordeaux dans son fief périgourdin de Belvès, ce qui ne les empêcha pas de mourir de la peste comme beaucoup d'autres de leurs confrères. De 1337 à 1347, quinze évêques expiraient annuellement en moyenne ; en 1348, il en mourut quatre fois plus. Etait-ce la conséquence de leur dévouement ?

De toutes façons, la peste fut une excellente occasion pour l'Église de ramener à elle les brebis égarées ; la peste devint-elle un moyen de « récupération » idéologique ?

A ce peuple médiéval naïf et analphabète, l'Église s'adressait par des sermons tonitruants, des processions imposantes, des pèlerinages expiatoires et par une extraordinaire iconographie surtout sculptée dans la pierre des sobres églises romanes ou des opulentes cathédrales gothiques. Afin que tous puissent prier Dieu d'éloigner sa fureur vengeresse, Clément VI institua « une messe pour le temps de peste » célébrée encore de nos jours en période d'épidémie. Ceux qui entendaient et disaient cette messe bénéficiaient de deux cent soixante jours d'indulgence. L'introït, ou introduction à la cérémonie, rappelle au Seigneur l'alliance qu'il a faite jadis avec les hommes et le prie de demander à « l'ange exterminateur de cesser de ravager la terre et de faire périr tout être vivant ». L'oraison supplie ensuite Dieu « d'écarter de son peuple le fouet de sa colère ». L'épitre, extraite du IIe livre des Rois, évoque la peste d'Israël ; l'évangile selon saint Luc retrace des guérisons miraculeuses du Christ. L'office s'achève sur une invocation à Dieu et à la Vierge Marie, la sollicitant d'intercéder auprès de Dieu pour qu'il « délivre son peuple des terreurs que lui inspire sa colère ».

De plus, le pape prit deux autres initiatives pour apaiser Dieu et les siens. En 1300, il avait été décidé qu'une Année Sainte serait célébrée tous les cent ans et qu'à cette occasion, tout pèlerin qui se rendrait à Rome bénéficierait, à sa mort, de l'accès direct au Paradis, étant dispensé de Purgatoire. A cause de la peste, Clément VI avança d'un demi-siècle la date prévue. En cette occasion, à Évreux, Charles le Mauvais, couronné roi de Navarre, fonda la Confrérie des Pèlerins de Rome à laquelle adhérèrent ses deux frères, sa sœur et trois cents Normands. Il fixa au 30 juin la fête patronale de la confrérie, soit le jour de la célébration des saints Pierre et Paul. Par ailleurs, afin de pacifier les âmes épouvantées par la possibilité d'une mort subite, le pape gratifia d'une absolution totale tous les croyants morts de la peste et octroya des indulgences plénières à ceux qui mouraient au service des pestiférés comme à ceux qui se repentaient sincèrement.

La joie retrouvée

Cornemuses, trompes
Et d'instruments plus de sept paires ;
Lors me mis à la fenêtre
Et m'enquis de ce que pouvait être
Aussitôt me répondit
Un de mes amis qui m'entendit
Que ceux qui demeuraient (*avaient survécu*)
Ainsi, comme lui, se mariaient
Et faisaient fêtes et noces
Car la mortalité de bosses
Qu'on appelait épidémie
Était de tous points étanchée,
Et que les gens plus ne mouraient ;
Et quand je vis qu'ils festoiaient
A bonne chère... et tout aussi joliment
Comme s'ils n'eussent rien perdu
(...)
Je montai sur mon palefroi...

Guillaume de Machaut,
Jugement du Roi de Navarre.

Après la Sainte Trinité, la mère de Jésus fut le plus souvent implorée. La tradition soutenait qu'à Rome, au VIe siècle, la peste cessa grâce à elle, invoquée par le chant de Regina Caeli, « reine des cieux ». En 1349, Gilles li Muisis, abbé de Saint-Martin de Tournay, composa des oraisons en forme de poésies destinées d'abord à Dieu le Père, le Fils et le Saint Esprit, ensuite à la Vierge :

« O Marie, vierge et mère
Préserve nous chaque jour
De la peste épidémie... »

Les flagellants eux-mêmes la suppliaient, elle, la médiatrice, le modèle parfait :

« Salut, Marie, pure et douce
Très haute, salut, étoile de mer
Salut, précieuse jouvence
Salut, toi, pleine de grâces
Fais finir, rose excellente,
La mortalité qui maintenant va. »

La chronique de Tournai affirme qu'au début de la contagion en cette ville, on vit une représentation de la Vierge pleurer à cause des malheurs des hommes et pour attendrir Dieu sur leur sort. Très vite, on imagina Marie vêtue d'une grande cape largement tendue par ses bras défenseurs pour arrêter les flèches de la pestilence, traits lancés par le créateur irrité contre les hommes infidèles. Mais le protecteur par excellence, la cible-écran entre l'humanité pécheresse et Dieu vengeur fut, sans conteste, saint Sébastien.

Le premier récit hagiographique évoquant son martyre date du Ve siècle ; il s'agit de la Passion de saint Sébastien, reprise au XIIIe siècle dans « La légende dorée » du dominicain Jacques de Voragine. Soldat romain du bas-empire, au IVe siècle, Sébastien, né à Narbonne d'une famille milanaise, était « tellement chéri » des deux empereurs Dioclétien et Maximien qu'ils lui conférèrent le commandement de la première cohorte et exigèrent qu'il fût toujours auprès d'eux. Or, Sébastien n'était entré dans

les armées que « pour soutenir le courage des chrétiens qu'il voyait faiblir » en ces temps de persécutions ; il eut à jouer ce rôle lors du martyre des frères jumeaux Marcellin et Marc. Ce jour-là, il rendit la parole à une femme muette, il convertit et guérit Tranquillin, le père des deux hommes, ainsi que Chromace, le préfet de Rome. On rapporta ces faits à Dioclétien. Celui-ci l'accusa d'insulter les dieux, « le fit lier au milieu d'une plaine et ordonna aux archers qu'on le perçât à coup de flèches.

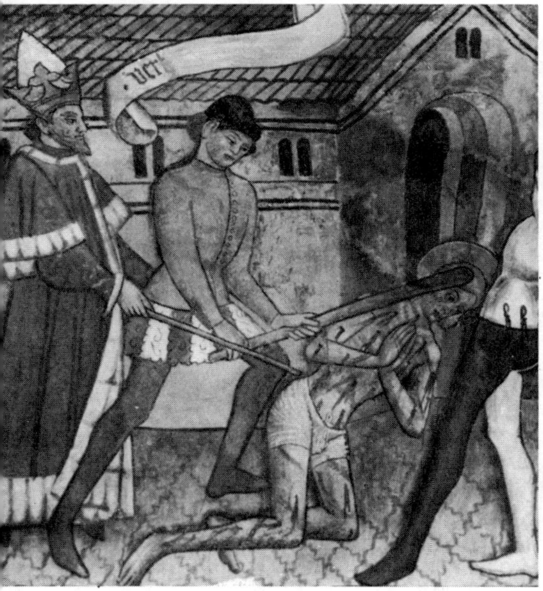

Il en fut tellement couvert qu'il paraissait être comme un hérisson. Quand on le crut mort, on se retira ». Soigné par Irène et mis hors de danger quelques jours après, il vint dire aux empereurs : « Le Seigneur m'a rendu la vie pour que je puisse venir vous reprocher les maux dont vous accablez les chrétiens. » On le fouetta alors jusqu'à ce que mort s'ensuive, on précipita son corps dans la Cloaca Maxima, grand égout de Rome. Un songe permit à sainte Lucine de retrouver son cadavre et de l'enterrer via Appia, aux côtés des apôtres Pierre et Paul. Selon la légende, quatre siècles plus tard, certaines reliques du saint furent transportées, par ordre divin, de Rome à Pavie où on éleva un autel en son honneur et la peste qui sévissait alors en Italie cessa. A l'automne 826, sur la demande de

l'abbé de Saint-Denis, Saint-Médard de Soissons accueillit dans la liesse une partie du corps démembré de Sébastien. Ce transfert provoqua de nombreux pèlerinages en particulier en temps de contagion. Car Sébastien était devenu le meilleur saint thérapeute de la peste, les flèches qui le transpercèrent étant le symbole du dard épidémique, expression de la vengeance divine. C'est pourquoi, Gilles Li Muisis réclamait secours à celui que les flèches n'avaient pas tué :

« O sire saint Sébastien...
O saint Sébastien
Apporte un remède à la peste
Pour la faire cesser et finir. »

Ailleurs, on fit dévotion aux saints patrons locaux. Ainsi, à Reims, on se voua à saint Nicaise à qui fut dédié un cierge pascal avec une inscription commémorative car, selon la légende, ce saint patron préserva la ville du mal contagieux.

Enfin, pour se protéger de la peste ou pour gagner le Paradis ou encore parce que leurs héritiers étaient morts, de nombreux fidèles léguèrent leurs biens à l'Église. « Les gens mouraient plus volontiers pour les indulgences – écrit à Paris Jean de Venette – et laissaient bien des héritages et des affaires temporelles aux églises et aux ordres monastiques. » Ces donations permirent au clergé d'édifier de nouveaux lieux de culte ou de rénover d'anciennes églises comme celles de Saint-Pierre et de Saint-Nicolas à Strasbourg. Cet enrichissement souleva des protestations auxquelles Clément VI rétorquait : « Pourquoi vous plaindre de ce que les ordres mendiants, pendant la peste, ont reçu tant d'offrandes des fidèles. Cet argent, ils l'ont bien gagné. Pendant que les curés prenaient la fuite en abandonnant leurs paroissiens, les “ mendiants ” les ont soignés et ensevelis. Si, depuis, ils ont employé les dons qu'ils ont reçus en belles constructions, eh bien ! c'est une magnificence qui honore l'Église Universelle et, en tous cas, il valait mieux s'en servir de cette manière que de la perdre en plaisirs défendus et en débauches. »

D'autres croyants s'associèrent en confréries dont le but était de s'attirer la bienveillance divine par des prières, des offices, des offrandes aux pauvres et de pourvoir aux frais d'inhumation des différents membres avec l'assurance que cette cérémonie rituelle ne serait pas négligée en temps de pestilence. A Tournai, les manufactures de dés à jouer se reconvertirent en fabriquant des chapelets puisque tous les jeux étaient interdits à la fois pour ne pas déplaire à Dieu et pour éviter les rassemblements.

Mais la foi, pas plus que la magie ou la médecine, ne fut alors capable de conjurer le mal dont les effets marquèrent un tournant dans l'histoire du Moyen Age.

La désolation semée par la peste

« Car je ne me rappellerai jamais sans verser de larmes cette année 1348, qui nous ravit ce que nous avions de plus cher ; la mort trancha de sa faux impitoyable la vie des créatures les plus adorables. Aussi la postérité aura peine à croire qu'il fut un temps pendant lequel, sans les foudres du ciel, sans les feux terrestres, sans les guerres, l'univers entier fut dépeuplé sur toute sa surface. A-t-on jamais rien vu, rien entendu raconter de semblable ? Dans quelles annales a-t-on jamais lu que les maisons étaient vides, les villes désertes, les campagnes incultes, les champs encombrés de cadavres et que partout régnait une affreuse solitude ? Consultez les historiens, ils gardent le silence ; interrogez les médecins, ils sont glacés de peur, adressez-vous aux philosophes, ils vous répondent par un geste négatif. La postérité pourra-t-elle croire à tant de malheurs, lorsque nous y croyons à peine, nous qui en avons été témoins, lorsque nous serions portés à regarder comme des songes ce que nous avons vu de nos propres yeux ?

Après avoir parcouru la ville jonchée de morts, de retour dans nos maisons, nous les voyons dépouillées de ce que nous avions de plus cher, et c'est alors seulement que nous acquérons la triste conviction de notre malheur. Heureux nos arrière-petits-fils qui n'auront pas vu ces calamités, et qui peut-être regarderont comme une fable le récit que nous en faisons. »

Pétrarque.

Les effets de la mort noire

UNE HÉMORRAGIE D'HOMMES

« En mil trois cent quarante huit
A Nuits de cent restèrent huit
En mil trois cent quarante neuf
A Beaune de cent restèrent neuf. »
Complainte bourguignonne.

La population française fut tellement décimée par la mort noire qu'il fallut deux cents ans pour que le territoire retrouve les densités antérieures au fléau. Depuis la fin du XIIIe siècle et jusqu'en 1347, l'équilibre entre la croissance démographique et la croissance agricole était rompu ; la population augmentant plus vite que les ressources, il y avait surpeuplement et menace permanente de disette, voire de famine. La peste mit fin à ce déséquilibre, un plus petit nombre d'hommes se partagea à peu près la même quantité de richesse lors du retour à la normale. Par ailleurs, les coupes sombres opérées par l'épidémie dans la population décimèrent une génération formant une classe creuse tandis qu'au lendemain de ces années de deuil, l'appétit de vivre et de se reproduire des survivants provoqua un véritable « baby-boom », ces deux phénomènes étant caractéristiques de toutes les catastrophes démographiques, y compris celles des deux dernières guerres mondiales.

Les villes furent plus touchées que les campagnes parce que la population y était plus entassée, la promiscuité et l'insalubrité plus grande. A Marseille, où la maladie apparut en premier, quatre cinquième des habitants décédèrent. La comparaison des recensements effectués en Provence en 1346 et 1356 montre qu'Aix-en-Provence perdit 55 % de ses feux, Apt 48 %, Digne 58 %, Forcalquier 50 %, Moustiers-Sainte-Marie 33 %. En Avignon, dans les trois jours qui suivirent le quatrième dimanche de Carême, il y eut 1 500 morts ; le 27 avril 1348 Louis de Boeringen constatait : « Il y a à l'intérieur des murs plus de 7 000 maisons vides, dont tous les habitants sont morts ; il ne reste plus personne dans le faubourg. Le pape, en effet, a acheté un terrain près de Notre-Dame des Hirondelles pour servir de cimetière ; depuis le 14 mars, 11 000 corps ont été inhumés, sans compter le cimetière de Saint-Antoine et ceux des religieuses et beaucoup d'autres qui sont en Avignon. En trois mois, du 25 janvier à ce jour, on a enterré 62 000 morts ! » Parmi eux, il y avait Laure de Novès aimée de l'humaniste Pétrarque qui écrivit sur la page de garde de son « Virgile » : « Laure, illustre par ses propres vertus et longtemps célébrée par mes vers, pour la première fois apparut à mes yeux, dans ma première adolescence, l'année mil trois cent vingt sept le sixième jour d'avril dans l'église Sainte-Claire d'Avignon, à la première heure du jour ; et, dans la même cité, un même mois d'avril, le même sixième jour, mais de l'année mil trois cent quarante huit, de la lumière, cette lumière a été soustraite ». A la Chartreuse de Montrieux, Gérard, le frère de Pétrarque fut le seul à survivre aux 35 religieux qu'il avait soignés. Selon certains, le Comtat Venaissin perdit 150 à 170 000 âmes en sept mois.

De là, les ravages s'étendirent en Languedoc : Montpellier et Marsillargues virent disparaître la moitié de leur population, comme Narbonne où 17 000 personnes périrent. A Millau 40 % des noms patronymiques s'éteignirent entre 1346 et 1353 ; le nombre des chefs de famille diminua de 55 % à Albi de 1343 à 1357, de 57 % à Castres entre 1347 et 1373, de 34 % à Saint-Flour depuis 1344 jusqu'à la fin de l'année 1348.

Le nombre des testaments enregistrés dans l'officialité [1] de Lyon fut multiplié par huit entre 1347 et 1349, il y en eut vingt-cinq fois moins l'année suivante. Le registre et les comptes mortuaires de la paroisse lyonnaise de Saint-Nizier permet de penser que l'épidémie, très violente entre avril et août 1348, fit alors 900 à 1 000 victimes soit 20 à 30 % de la population de cette communauté. Le port de Bordeaux, qui recevait 700 à 1 300 navires par an dans le premier tiers du XIVe siècle, n'en accueillit que 141 entre 1349 et 1350 ; un village des environs vit le nombre de ses feux [2] passer de 64 à 9 soit de 320 à 45 personnes !

L'épidémie dépeupla le Poitou à 50 %. La Normandie connut à son tour les mêmes ravages : les treize paroisses

1. Officialité : tribunal établi par l'évêque.
2. Feu : famille composée de cinq personnes en moyenne.

de Rouen qui comprenaient 6 825 feux en 1347, n'en comptèrent plus que 3 103 quelques années plus tard. On dut y construire deux nouveaux cimetières, celui de Saint-Vivien et celui de Saint-Maclou. Les trente-trois communes formant ses faubourgs connurent exactement le même déclin, passant de 3 395 à 1 554 familles. Plusieurs autres villages du diocèse de Rouen ne conservèrent que le tiers ou le quart de leur population, les plus infortunés étant saignés à 95 ou 97 % !

Au début de l'été 1348, la peste s'installa en Bourgogne. L'exceptionnel registre paroissial de Givry laisse apparaître que la peste enleva le tiers de la population du bourg en quatre mois, de la fin juillet à la fin novembre 1348 ; le maximum journalier fut atteint le 10 septembre avec 24 décès soit l'équivalent de la moyenne annuelle des ensevelissements de 1334 à 1347 ! L'année 1348 fit à Givry 649 victimes soit le double du total des morts des treize années précédentes ! Ce registre remarquablement complet permet aussi de constater l'importance des mariages aux lendemains de la peste, la vie prenant une revanche féroce sur la mort. En effet, la moyenne annuelle des mariages enregistrés entre 1336 et 1347 se situe entre 12 et 13, or on célébra 86 mariages en 1349, 33 en 1350, 22 en 1351 ; de 1352 à 1356 la moyenne est de 15 par an. On peut donc penser que les pertes infligées par la peste furent vite compensées dans cette localité.

Le registre du marguillier (comptable) de Saint-Germain-l'Auxerrois, la plus grande paroisse de Paris, prouve que l'épidémie y sévit avec une intensité particulière du printemps 1349 au printemps 1350 avec 3 086 morts soit un peu plus du dixième des 30 000 personnes recensées dans la paroisse au début du XIVe siècle. Si on extrapole cette proportion aux 35 paroisses composées de 61 098 feux de Paris et de son faubourg Saint-Marcel, on obtient 31 000 décès pour la capitale. Certains auteurs avancent le chiffre beaucoup plus élevé de 80 000 morts pour une population de plus de 300 000 âmes dans Paris et ses faubourgs. Au plus fort de l'épidémie, 5 à 800 cadavres étaient quotidiennement transportés de l'Hôtel-Dieu au cimetière des Innocents. Cinq de ses prévôts trépassèrent de la peste ainsi que son évêque et la reine Jeanne, épouse de Philippe de Valois.

En janvier 1349, à Amiens, la mortalité était estimée à 17 000 personnes ; « les gens y meurent si soudainement comme du soir au lendemain ».

Durant cette même année, l'official (juge ecclésiastique) de Besançon répertoria 161 testaments contre 14 en 1347 soit onze fois plus ; en Alsace les dégâts varièrent entre 30 et 60 % de la population : Strasbourg perdit 16 000 habitants, Colmar 6 000.

La peste noire fut donc une véritable catastrophe démographique. Opéra-t-elle sélectivement ?

UNE MORT SÉLECTIVE ?

> *« On voit tomber tous les sexes et tous les âges : tendres mères, enfants et vieillards, la mort impitoyable emporte également les adolescents et les faibles jeunes filles, et moissonne sans pitié la brillante jeunesse. »*
>
> Simon de Couvin.

A ses débuts à Lyon, la peste atteignit surtout les femmes qui constituèrent plus de 57 % du total des victimes. Par contre, dans la paroisse de Saint-Germain l'Auxerrois à Paris, on compte 56,5 % de décès masculins contre 42,6 %

de féminins. Comme l'affirment les contemporains, la peste noire ne paraît pas avoir préféré un sexe à l'autre. Affectionna-t-elle plus les pauvres que les riches et les grands ? Sans doute puisqu'ils étaient plus vulnérables pour de multiples raisons et plus nombreux aussi. « La Parque cruelle respecte les princes, les chevaliers, les juges ; de ceux-là peu succombaient parce qu'une vie douce leur est donnée dans le monde », affirmait encore Simon de Couvin.

Le registre lyonnais de la paroisse de Saint-Nizier contient trente et un pauvres ainsi que neuf domestiques soit plus de la moitié des soixante et onze morts dont les fonctions sociales sont précisées. Cependant, outre la reine de France, la reine de Navarre, le duc et la duchesse de Normandie, le duc de Bourgogne, Jeanne de Hainaut, comtesse de Soissons, furent des proies du monstre ; 14 % des membres de l'administration royale centrale et régionale, un tiers des parlementaires parisiens décédèrent de ses coups. Les conseils municipaux souffrirent davantage encore : Montpellier perdit dix des douze membres du conseil de ville, Toulouse huit de ses douze capitouls [1], Béziers et Narbonne tous leurs consuls [2]. Les chiffres prouvent que la mortalité fut plus grande en pays d'oc qu'en pays d'oil ainsi que dans les corps professionnels qui approchèrent les pestiférés tels ceux des notaires, « des enterreurs », des médecins.

Les conséquences de la dépopulation provoquée par la peste noire furent aussi d'une grande portée économique et politique.

1. Capitoul : magistrat municipal de Toulouse.
2. Consul : magistrat municipal ; le consulat était l'ensemble des consuls.

Les effets de la mort noire

DES TERRES DÉLAISSÉES

Le dépeuplement des campagnes provoqua une régression des terres cultivées. En Alsace, par exemple, la situation agricole de 1300 ne se retrouva qu'au XVIIIe siècle. Dans le Languedoc, la peste noire porta un rude coup au vignoble. Seuls, les très bons terroirs échappèrent à l'abandon : les rendements s'améliorèrent. Les autres, si patiemment essartés pendant les siècles précédents, retombèrent en friches ; les forêts grandirent ; la végétation et les animaux sauvages : chevreuils, sangliers, loups et ours, prirent la place que les hommes leur cédaient ; jusqu'au début du XVIe siècle la chasse paysanne fut en partie libre tant le gibier abondait.

De nombreux villages furent désertés ; certains disparurent même complètement en Brie, en Provence, en Languedoc où les paroisses gagnées sur les terres marécageuses au XIe siècle furent évacuées. Le nombre des propriétés possédées et exploitées baissa après 1350 mais, par le jeu des héritages, celles qui subsistèrent furent concentrées en moins de mains.

Néanmoins, même pour les plus pauvres, la situation s'améliora. En effet, la demande ayant considérablement diminué, les prix baissèrent. A Paris, par exemple, le coût de l'hectolitre de froment diminua de moitié entre 1350 et 1351 ; en 1353, il était six fois plus bas qu'en 1350. Parallèlement, l'homme étant devenu plus rare, les rémunérations augmentèrent. Ainsi à Paris, les salaires des couvreurs et des maçons triplèrent entre 1346 et 1353. La hausse des rétributions obligea le nouveau roi Jean le Bon à les réglementer car cette valorisation du travail attirait vers les villes beaucoup de paysans, aggravant la désolation des campagnes. Les citadins, en effet, ne suffisaient plus, seuls, à répondre aux offres d'emplois nées d'une demande accrue des consommateurs pris par une frénésie de « revivre » particulièrement sensible dans les villes où les mendiants affluèrent. Le roi décida alors : « Parce que plusieurs personnes, tant hommes que femmes, se tiennent oisifs et ne veulent exposer leurs corps à travailler, mais les uns truandent et les autres se tiennent en tavernes et en bordeaux, est ordonné que de tels gens oisifs ou joueurs de dés ou chanteurs des rues ou truandant ou mendiant, de quelque état ou condition qu'ils soient, ayant métier ou non, qu'ils soient sains de corps et de membres, s'exposent à travailler ou vident la ville. »

Contrairement aux villes, les campagnes s'appauvrirent ; les impôts ne rentraient plus. Après la peste, Pérouges, près de Lyon, donne à son seigneur 20 mesures de froment et 9 de seigle contre 46 et 68 auparavant. D'autres villages de Bresse, du Bugey et d'Auvergne, ne paient plus que la moitié des taxes versées antérieurement. Il en fut de même pour le commerce, paralysé ou complètement désorganisé pendant l'épidémie. A Marseille, notamment, le trafic des cuirs et peaux n'atteignait en 1352 que le tiers de celui de 1338 et le volume des échanges du début du siècle ne se retrouva qu'au milieu du XVe siècle.

Politiquement aussi, la perte noire laissa une empreinte. Devant l'arrivée massive de paysans, peu exigeants, sur le marché du travail, les corporations se renforcèrent pour éliminer ces non-spécialistes, concurrents inexpérimentés. C'est dans cet esprit de défense d'un corps, celui des bourgeois face aux nobles, qu'Étienne Marcel, prévôt des marchands de Paris, essaya en vain de réformer l'État quelques années plus tard, de même que les Jacques – paysans – s'ameutèrent contre les seigneurs, partiellement à cause de la faiblesse des prix agricoles.

En politique extérieure, la peste eut aussi un retentissement : les effectifs réunis des deux camps, anglais et français, furent inférieurs après la peste à ce qu'ils étaient avant. Après la trêve de 1347, le conflit reprit localement en 1352 ; en 1354 des négociations de paix échouèrent, la guerre recommença de plus belle avec l'intervention du fils aîné d'Édouard III, roi d'Angleterre, le Prince Noir – comme la peste !

Les danses macabres

> *« Nous étions ce que vous êtes,*
> *Vous serez ce que nous sommes. »*
> Conte médiéval intitulé « Le dit des trois morts et des trois vifs ».

La peste parut se soumettre jusqu'à la paix de Brétigny en 1360, instaurant une longue trêve dans la Guerre de Cent Ans. A cette date, l'épidémie releva la tête comme pour ne pas donner de répit aux populations accablées. Elle envahit d'abord l'Alsace, la Picardie, la Normandie et l'Ile de France. Il y eut de nombreuses morts à Paris, notamment parmi les pauvres qui avaient afflué des villages, pressés par la faim, la pauvreté, le besoin. Soixante-dix ou quatre-vingts cadavres sortaient quotidiennement de l'Hôtel-Dieu, pendant le printemps et l'été. Puis ce fut au tour de la Bourgogne, du Dauphiné, du Languedoc, de la Provence et du Comtat Venaissin où Guy de Chauliac observa : « en l'an 1360, la huitième année du pontificat du Pape Innocent VI, en rétrogradant d'Allemagne et des parties septentrionales, la mortalité revint en Avignon. Elle commença vers la fête de Saint-Michel avec bosses, fièvres, carboncles et anthrax

en s'augmentant petit à petit. Elle différait de la précédente, de ce qu'en la première moururent plus de la populace et en celle-ci plus de riches et de nobles, beaucoup d'enfants et peu de femmes ». A partir du printemps 1362, le mal désola l'Auvergne, le Périgord, le Poitou, l'Anjou, la Bretagne, la Normandie et l'Ile de France à nouveau. Il s'était écoulé treize ans entre l'apparition de la peste en France et son deuxième assaut. Celui-ci est séparé d'un troisième par le même nombre d'années exactement, comme si la peste laissait aux hommes le temps de réparer les dégâts de son passage en permettant l'avènement à l'âge adulte d'une nouvelle génération productive.

Les hommes du XIVe siècle avaient subi un profond traumatisme. A une période d'expansion du XIe au XIIIe

siècle avait succédé un temps de récession, dominé par le masque grimaçant et hideux de la mort toujours menaçante. Dès le début du XIVe siècle un poème illustrait le thème de l'égalité des hommes devant la Faucheuse Universelle :

« L'évêque : Je marche à la mort, bon gré, mal gré ; J'abandonne la crosse, les sandales et la mitre.

Le Chevalier : Je marche à la mort, j'ai vaincu en maints combats, mais je n'ai pas appris à vaincre la mort.

L'intellectuel : Je marche à la mort. J'enseignais aux autres l'art de conclure. Finalement, c'est la Mort qui a conclu contre moi. »

Dès le siècle suivant, cette mort justicière et égalitaire apparut dans les célèbres Danses Macabres peintes sur les manuscrits et les murs des cimetières – sur celui des Saints Innocents à Paris – ou des églises comme celles de la Chaise-Dieu et d'Ennezat en Auvergne, de Ferté-Loupière en Bourgogne, de Caudebec en Normandie, de Kernascléden et de Kermaria en Bretagne, de Meslay-le-Grenet près de Chartres, de Bar-sur-Loup dans les Alpes-Maritimes. Des squelettes entraînent des hommes et des femmes, des vieillards et des enfants, des puissants et des faibles, des riches et des pauvres, des laïcs et des clercs, des infirmes et des sains dans une ronde infernale souvent guidée par des musiciens.

Au charnier des innocents

Quand je considère ces têtes
Entassées en ces charniers,
Tous furent maîtres des requêtes *(magistrats)*,
Au moins à la Chambre aux Deniers,
Ou tous furent porte-paniers *(marchands ambulants)*
Autant puis l'un que l'autre dire,
Car d'évêques ou lanterniers *(allumeurs de lanternes)*
Je n'y connais rien à redire *(pas de différence)*.

Et celles qui s'inclinaient
Les unes devant les autres en leurs vies,
Desquelles les unes régnaient
Des autres craintes et servies,
Là, je les vois endormies
Ensemble en un tas pêle-mêle
Seigneuries leur sont ravies
Clerc ni maître, nul ne s'y appelle.

Or ils sont morts, Dieu ait leurs âmes !
Quant aux corps, ils sont pourris.
Qu'ils aient été seigneurs ou dames,
Agréablement et tendrement nourris
De bouillies de froment ou riz
Leurs os sont réduits en poussière
Qui ne se soucient de rire
Plaise au doux Jésus les absoudre !

François Villon, *Le Testament* (1431-1489 ?).

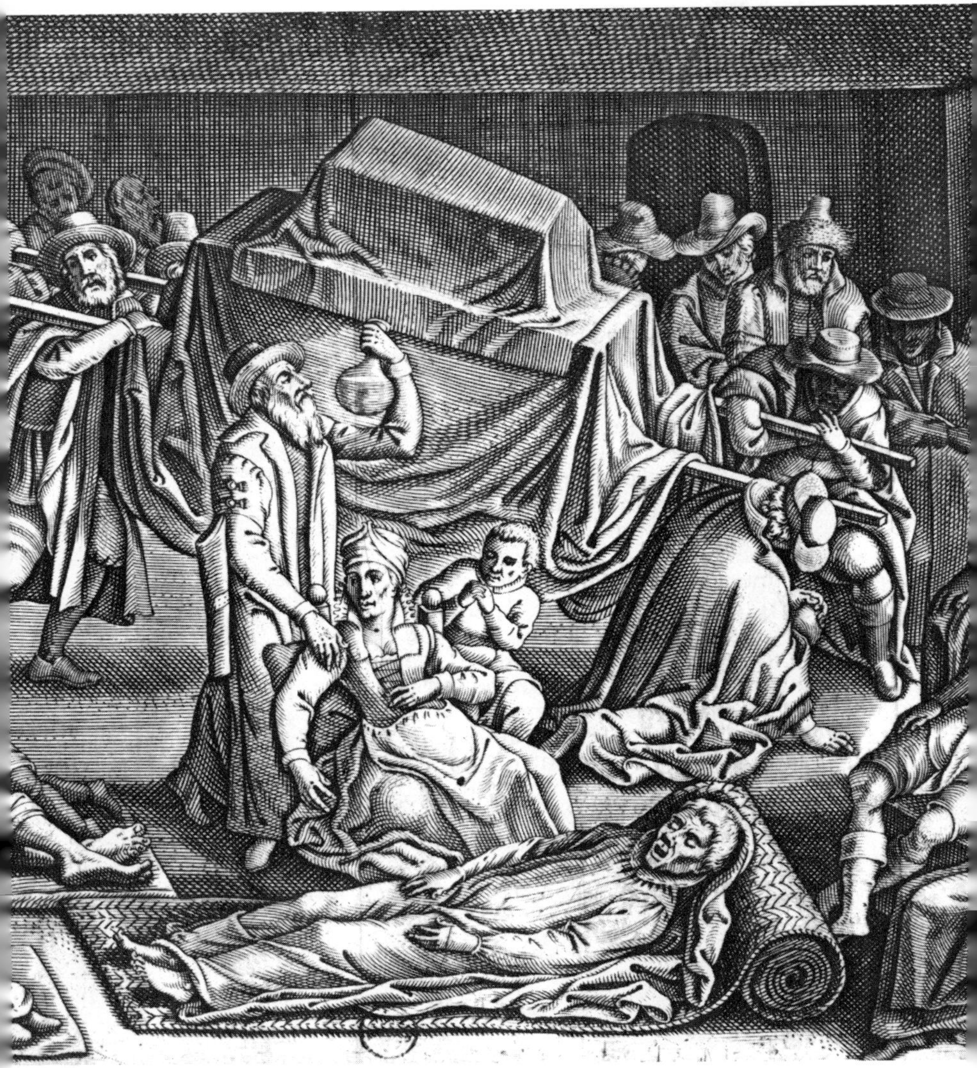

DEUXIÈME PARTIE

VIVRE AVEC LA PESTE

« Dans l'Ancien Régime, tout homme de vingt-cinq ans a, une fois dans sa vie, connu la peste. »

J.N. Biraben, « Les hommes et la peste », 1975.

Permanence et récurrence du fléau

Introduite en France au milieu du XIVe siècle, la peste ne la quitta désormais plus jusqu'à la fin du XVIIe siècle, agissant avec une récurrence régulière tous les huit ou dix ans selon les régions. D'épidémique en 1347 la peste était devenue endémique, toujours susceptible de se manifester avec plus ou moins de virulence et de ténacité. Elle voyageait avec les vagabonds, les marchands, les troupes, rôdait pour se repaître trois mois ici, quatre mois ailleurs, particulièrement du printemps à l'automne. Du dernier tiers du XIVe siècle au dernier tiers du XVIIe, elle ne laissa aucun répit au pays. Pendant ces trois siècles, les dégâts du mal allèrent crescendo avec de fortes poussées périodiques, dont celle des années 1530 où la totalité du territoire souffrit. Cependant la volonté des hommes, peut-être immunisés, et le génie de Colbert parvinrent à maîtriser ce feu dévorant dans les années 1670, cinquante ans avant qu'il ne se manifeste violemment en France pour la dernière fois dans une unique flambée, limitée dans le temps et dans l'espace. Mais entre son commencement, la Peste Noire, et sa fin, la Peste de Marseille, le mal obligea le pays à vivre avec lui. Tous le connaissaient, ses abcès caractéristiques rendant son diagnostic facile : « La bosse, le charbon et les exanthèmes (éruptions cutanées) sont accidents inséparables de la peste », écrivait le chirurgien angevin René Gendry en 1631. Trois ans plus tôt, les médecins de Lyon en avaient ainsi décrit les symptômes : « fièvre continue, violente douleur de tête, assoupissement, hébétation d'esprit, rêverie, syncopes et défaillances de cœur ».

L'âge des pestes en France coïncide donc avec l'époque qu'il est convenu d'appeler l'Ancien Régime.

Mêmes causes...

« Dans le manque de connaissance réside la source de l'angoisse. »
Sénèque.

La maladie, généralement, qualifiée de « populaire » soit parce qu'elle frappait surtout le peuple soit parce qu'elle était devenue banale, déferlait dans le même contexte que précédemment. Lugubre cavalier de l'Apocalypse, elle accompagnait encore la famine et la guerre : « Lorsque l'agneau ouvrit le quatrième sceau, j'entendis la voix du quatrième vivant qui disait « viens ». Et je vis ; voici un cheval verdâtre et celui qui le montait s'appelait la Peste, l'Enfer l'accompagnait. Il fut donné aux quatre cavaliers pouvoir sur le quart de la terre pour tuer par l'épée, par la famine et par les bêtes sauvages de la terre » (Apocalypse selon Jean, VI, 1-8).

Mêmes causes...

LES GUERRES

Ces trois siècles de pestilence ont correspondu à trois siècles de conflits dévastateurs. La Guerre de Cent Ans s'acheva au milieu du XVe siècle. Elle fut responsable de la crise démographique de la fin du Moyen Age : la population de la France baissa de moitié entre 1300 et 1450. Le duel franco-anglais entraîna non seulement une surmortalité des combattants et des civils, mais fut aussi la cause de la propagation des épidémies. La putréfaction des cadavres gisant sur les champs de bataille et les déplacements des troupes traînant avec elles des hommes malades furent à l'origine des pestes. Ainsi, à la fin du XIVe siècle, les armées anglaises apportèrent le mal en Aquitaine. Pire fut le rôle des « écorcheurs » ou « routiers » formant « les grandes compagnies » de mercenaires libérés pendant les nombreuses trêves. Ces derniers semaient la peste et la désolation sur leur passage. En Auvergne, il est prouvé que, dans les années 1440, ils transportèrent partout les germes de l'infection.

Les guerres d'Italie puis les rivalités entre François Ier et Charles Quint prirent le relais des longues hostilités précédentes. La France fut sans cesse traversée par des milices ou des aventuriers se rendant ou revenant des combats. Le nord et l'est du pays, plus proches des lieux de batailles, pâtissaient tout particulièrement des allées et venues des armées. Au début du XVIe siècle, le Languedoc et le Périgord furent également contaminés par des troupes de passage. Vivant dans une grande promiscuité, dans une absence totale d'hygiène, le soldat était le refuge idéal des puces, vecteurs de la peste.

Les guerres de religion qui suivirent, furent plus néfastes

encore car le territoire tout entier souffrit ouvertement. Catholiques et protestants colportèrent le bacille pesteux de l'Anjou à la Gascogne et de là en Languedoc, Auvergne, Provence, Lyonnais, Bresse, Bourgogne, Ile de France et Picardie. Puis jusqu'au milieu du XVIIe siècle, la guerre de Trente ans sévit en Europe. Une fois encore, la France subit les ravages des bandes armées, régulières ou non, qui disséminèrent la peste sur tout le territoire. Ainsi à Lyon le corps d'un soldat mort de la peste et superficiellement enterré à la sortie de la ville fut à l'origine de la meurtrière épidémie de l'hiver 1628-1629. Depuis 1625, la peste avançait le long des voies d'eau : Seine, Loire, Rhin, Saône pour cerner le sud-est où elle atteignit son apogée en 1629, date à laquelle les troupes de retour du siège de la Rochelle répandirent l'épidémie dans tout le pays, provoquant le paroxysme des années 1630.

Les troubles de la Fronde, nouvelle guerre civile, s'ajoutèrent à ceux du conflit extérieur et facilitèrent aussi la diffusion de la contagion. Enfin, avec l'arrivée au pouvoir de Louis XIV, la France entra dans une période de guerre ininterrompue. « Les passages de l'armée du Roy » ne cessèrent de propager l'épidémie devenue cependant moins meurtrière, soit à cause de l'immunité acquise par les hommes, soit grâce à l'organisation sanitaire mise en place pour arrêter le mal.

Plaintes de la France

« Comme ces laboureurs, dont les mains inutiles
Laissent prendre l'hiver une touffe de chenilles
Dans une feuille sèche au faîte d'un pommier :
Sitôt que le soleil, de son rayon premier
A la feuille échauffée, et qu'elle est arrosée
Par deux ou par trois fois d'une tendre rosée,
Le venin, qui semblait par l'hiver consumé,
En chenilles soudain apparaît animé,
Qui tombent de la feuille, et rampent à grand'peine
D'un dos entre-cassé au milieu de la plaine ;
L'une monte en un chêne et l'autre en un ormeau,
Et toujours en mangeant se traînent au coupeau ;
Puis descendent à terre et tellement se paissent
Qu'une seule verdure en la terre ne laissent.
Alors, le laboureur voyant son champ gâté,
Lamente en vain qu'il ne s'était hâté
D'étouffer de bonne heure une telle semence ;
Il voit que c'est sa faute et s'en donne offense.
Ainsi lorsque mes rois aux guerres s'efforçaient,
Toutes en un monceau ces chenilles croissaient !
Si bien qu'en moins de trois mois telle tourbe enragée
Sur moi s'est épandue, et m'a toute mangée.
Or mes peuples mutins, arrogants et menteurs,
M'ont cassé le bras droit chassant mes Sénateurs,
Car, de peur que la loi ne corrigeât leur vice,
De mes palais royaux ont banni la Justice ;
Ils ont rompu ma robe en rompant mes cités,
Rendant mes citoyens contre moi dépités,
Ont pillé mes cheveux en pillant mes églises,
Mes églises, hélas ! que par force ils ont prises,
En poudre foudroyant images et autels,
Vénérable séjour de nos Saints immortels. »

Ronsard, *Continuation* (1524-1585).

LES FAMINES

« Avant la fête de Noël 1480, il y eut si grand défaut de blé à Angers et par tout le royaume que mémoire n'était à homme de ne jamais avoir eu si grande famine car en plusieurs pays et contrées, les gens ne mangeaient que des herbes comme des bêtes et des troncs de choux et des naveaux (navets) cuits en la braise du feu. »

Guillaume Oudin, Angers, 1481.

En dévastant les campagnes et en obligeant les paysans à se réfugier en ville, les guerres provoquèrent des famines qui affaiblirent les hommes, les livrant sans défense aux assauts épidémiques. De plus, les besoins militaires obligèrent les rois à dévaluer plusieurs fois les monnaies et à augmenter les impôts ; les prix grimpèrent, accablant toutes les couches de la société ; enfin les désordres créés par les guerres grippèrent les rouages du commerce.

Un bourgeois de Paris n'écrivait-il pas, à la fin du XIVe siècle : « En ce temps les loups étaient si affamés qu'ils déterraient de leurs pattes les corps enterrés dans les villages ; partout où on allait, on trouvait des morts, et aux champs et aux villes, à cause de la grande pauvreté, de la vie chère et de la famine, car la maudite guerre croissait de jour en jour. » La concomitance entre les guerres et les famines d'une part, les épidémies de l'autre, ont frappé tous les contemporains comme si, en ces temps de fréquentes misères, ces trois maux se succédaient de façon presque continue ou cumulaient leurs effets dans un même laps de temps. La sous-alimentation et les carences alimentaires mettaient alors les populations dans un état de morbidité chronique, accentué par les épidémies de peste notamment. Ainsi, en 1419, une mauvaise récolte dans l'ouest de la France occasionna un retour du mal dans le Poitou, la Touraine, le Limousin, le Languedoc et l'Auvergne jusque dans les années 1440.

La conjonction de récoltes insuffisantes sur tout le territoire et la répétition dans le temps de ce phénomène suscita de cruelles crises de subsistance, toutes marquées par des poussées pestilentielles. On peut alors se demander laquelle des deux calamités préexista : la peste, parce qu'elle chassa les hommes des champs, ainsi abandonnés, et des villes, où les métiers et le commerce succombèrent, ou bien la famine, parce qu'elle les affaiblit tous, faisant d'eux des proies faciles pour les yersinioses.

En 1566, dans son « Traité de la peste », le poitevin Simon Colin affirmait : « Ainsi la cause d'une peste peut advenir pour avoir usé de mauvais vivres, lesquels engendrent corruption d'humeurs, comme font pauvres gens en temps cher. » En 1585, les représentants du Tiers-État de la Haute-Auvergne notaient : « Le pays est tombé en telle et si grande nécessité que la peste a commencé parmi eux... on trouve des personnes mortes en leurs maisons ou aux prés, y cherchant et paissant l'herbe et aux chemins. » En 1627, la récolte en pays lyonnais fut insuffisante et la Bourgogne, qui aidait Lyon à constituer ses stocks de blé, ne voulut pas lui en livrer, le conservant pour ses propres besoins. Au marché de la Grenette à Lyon, le coût des céréales augmenta alors de 50 % tandis que plus de vingt mille personnes étaient « sur le point d'être réduits à la mendicité à cause de la cessation du commerce de la fabrique des draps de soie ». Du couple chômage et misère n'allait pas tarder à naître la contagion.

Temps de peste

... On se revoit avec surprise comme des revenants ; on se sait bon gré de vivre et de plaire : l'entremetteuse, c'est la mort.

Notre malheureuse Florence offre aujourd'hui un spectacle semblable à celui d'une ville que les infidèles auraient prise de vive force et ensuite abandonnée. Les boutiques sont fermées, les exercices suspendus et les lois mises en oubli. Aujourd'hui on apprend un vol, demain un meurtre. Chacun marche isolé. Un parent trouve-t-il un parent, un frère un frère, une femme son mari ? chacun s'éloigne au plus vite. Que dirai-je de plus ? les pères et les mères repoussent leurs propres enfants et les délaissent. Les réunions qui avaient eu lieu dans les places publiques, pour converser d'une manière honorable, et dans les marchés, pour l'utilité de la vie, n'offrent plus qu'un spectacle morne et affligeant. On n'entend que ces mots : un tel est mort, un tel est malade ; celui-ci a fui, celui-là est enfermé chez lui ; l'un est à l'hôpital, l'autre garde la chambre. La plupart s'occupent à chercher l'origine du mal, et les uns disent : « Les prophètes l'ont prédit. » On se rappelle tous les prodiges qui ont eu lieu ; on attribue le mal à la nature du temps, on en accuse la qualité de l'air.

Machiavel (La peste de 1527),
Mémorial de Chronologie, Tome II.

L'INSALUBRITÉ

Villes et campagnes constituaient par ailleurs de véritables défis à l'hygiène, favorisant le développement des rats et des puces. A la campagne, hommes et animaux vivaient en symbiose ; à la ville, l'entassement des hommes, l'étroitesse des rues rendaient la cohabitation plus malsaine encore ; les premières latrines publiques grenobloises ne furent-elles pas installées en 1582 seulement ? Les immondices laissées en pâture aux animaux encombraient généralement les rues quand elles n'étaient pas jetées à la rivière dont l'eau servait à la boisson, à la cuisson des aliments, à la lessive, etc. Les municipalités ignorèrent longtemps les problèmes de voierie.

La « Satire Ménippée » décrit l'inconfort des Parisiens à la fin du XVIe siècle : « Nous sommes serrés, pressés et ne prenons que l'air puant d'entre nos murailles, de nos boues, de nos égouts » ; les fondrières des rues sont appelées trous : il y a le « trou Bernard », près de Saint-Germain l'Auxerrois, le « trou Gaillard », près des Célestins, et des « trous punais » (où sont des punaises) dans tous les quartiers. Au XVIIe siècle encore, Paris possédait des égouts à ciel ouvert dont les odeurs nauséabondes étaient considérées comme des sources d'infection.

« Paris est un endroit horrible, puant et très chaud, écrivait la mère du Régent. Les rues ont si mauvaise odeur qu'on n'y peut tenir : l'extrême chaleur y fait pourrir beaucoup de viande et de poisson, et cela, joint à la foule de gens qui pissent dans la rue, cause une odeur si détestable qu'il n'y a pas moyen d'y tenir. » Lyon est dépeinte de la même façon par un voyageur, Abraham

Golnitz : « Les rues sont étroites et malpropres, de là une odeur infecte considérable ». Dans toutes les villes les bouchers tuaient les animaux devant leur boutique, laissant couler le sang sur le pavé où s'attroupaient chiens, porcs, chèvres, ânes, rats ; les tripiers, poissonniers, pelletiers œuvraient aussi en pleine rue où les maraîchers laissaient pourrir fruits et légumes détériorés ; personne n'était chargé de nettoyer la grouillante place du marché. Les recoins des remparts constituaient des lieux de prédilection pour les déchets des citadins ; on y voyait s'amonceler « une infinité de viandes, immondices et autres choses ».

Les inhumations dans le cimetière contigu à l'église, au cœur de la paroisse, étaient pratiquées très superficiellement ; à titre de dissuasion, il arrivait qu'on laissât pendus des criminels en plein centre urbain pendant plusieurs jours. On se lavait peu ; au début du XVIIe siècle, le médecin Théophraste Renaudot, fondateur de « la Gazette », premier journal français, ne soutenait-il pas que « le bain, hors la médecine, est non seulement superflu mais très dommageable aux hommes » ! Mais bien plus dangereux que l'insalubrité, pensait-on à l'époque, étaient « les semeurs de peste ».

LES COUPABLES ENVERS DIEU

« Une peste est un décret de Dieu, un châtiment envoyé par Lui. »
Luther.

La profonde méconnaissance scientifique d'alors contribuait encore à désigner à la vindicte publique des responsables supposés du mal. Il fallait un ou des coupables, victimes expiatoires sur lesquelles l'agressivité

ABOMINATION DES SORCIERS

st il rien qui soit plus damnable,
y plus digne du feu dénfer,
ue cette engeance abominable
es ministres de Lucifer!

Ils tirent de leurs noirs mysteres
L'horreur, la hayne le debat,
Et font de sanglans caracteres
Dans leur execrable Sabat.

Cest la que ces maudites ames
Se vont preparer leur tourment,
Et quelles attisent les flammes,
Qui bruslent eternellement.

née de la peur, de la douleur et de la souffrance puisse s'exercer. Les premiers accusés furent, comme au Moyen Age, ceux qui avaient offensé Dieu et provoqué son « ire » : les « femmes impudiques » par exemple. Ainsi, un des tout premiers règlements de peste, celui de Gap daté de 1565, commence en ces termes : « Il faut reconnaître que la peste est une verge de Dieu envoyée sur les hommes pour punir les pécheurs et les inciter à amendement... En premier lieu, puisque Dieu est grandement offensé par luxure et paillardise et que par icelles ladite maladie peut être causée, il faut que les putains publiques aient à vider la ville et le terroir. »

Une ordonnance royale interdit « les bourdeaulx » ; Dijon et Grenoble, comme Gap, chassèrent leurs marchandes d'amour. Plus pragmatique, la cité de Saint-Flour enferma « les filles de mauvaise vie dans une maison, aux frais de la ville » aux lendemains d'une violente épidémie de peste du début du XVe siècle. En 1557, Toulouse isola « les filles communes » dans le Château-Vert ; celles qui sortirent furent fouettées publiquement ; leur retour à la liberté fut accueilli avec joie puisqu'il manifestait la fin du danger pestilentiel. A Château-Gontier, une « pécheresse » donneuse de peste fut condamnée « à faire amende honorable devant l'église Saint-Rémy, ayant la corde au cou, une torche ardente du poids de deux livres à la main, vêtue d'une chemise soufrée, puis à être conduite sur la place publique pour y être brûlée vive » ! De même, toutes les réjouissances furent bannies ; le règlement de Gap ordonne en troisième lieu : « On fera cesser tous les cabarets, bals, danses et jeux, tant de paume que autres. » Il fut aussi défendu de « jurer, renier et dépiter le nom de Dieu et de la Vierge Marie ».

Mêmes causes...

A partir de la Réforme, au XVIe siècle, les huguenots, considérés comme schismatiques par le pouvoir et les catholiques français, furent rendus responsables de la colère divine ; on alla jusqu'à imaginer qu'ils souhaitaient la disparition de leurs adversaires catholiques à n'importe quel prix. C'est donc sur eux que s'accumulèrent les accusations de semeurs de peste. Ainsi, sous prétexte que les calvinistes profiteraient du désordre créé par la peste en 1628 pour s'emparer de Lyon, les échevins ordonnèrent aux penons, chefs de quartier, de « se transporter », chacun, « avec un sergent et trois ou quatre hommes, en plein jour, dans les maisons de ceux de la Religion Prétendue Réformée ». Les recommandations des édiles à propos d'éventuels abus de bastonnades laissent imaginer dans quelles conditions se déroulèrent ces perquisitions ! Mais il fallait agir vite car le bruit courait « que le chef des rebelles n'était pas loin, qu'il voulait surprendre la ville » et qu'il s'y préparait en communiquant la peste aux gardes des portes dont la moitié avait justement péri en une seule nuit. Les protestants possédaient, disait-on, un moyen plus radical que les armes pour réduire la ville à leur merci : ils détenaient le secret infernal d'un onguent maléfique avec lequel ils « engraissaient » les portes des maisons et des églises ! Aussi la foule lyonnaise extermina-t-elle les réformés dans un tel déchaînement de violence que les magistrats décidèrent de pendre quelques présumés coupables afin d'apaiser les débordements de leurs concitoyens !

Les animaux malades de la peste

Un mal qui répand la terreur,
Mal que le ciel en sa fureur
Inventa pour punir les crimes de la terre
La peste (puisqu'il faut l'appeler par son nom)
Capable d'enrichir en un jour l'Achéron,
Faisait aux animaux la guerre.
Ils ne mouraient pas tous, mais tous étaient frappés :
On n'en voyait point d'occupés
A chercher le soutien d'une mourante vie ;
Nul mets n'excitait leur envie ;
Ni loups ni renards n'épiaient
La douce et l'innocente proie ;
Les tourterelles se fuyaient :
Plus d'amour, partant plus de joie.
Le lion tint conseil, et dit « Mes chers amis,
Je crois que le ciel a permis
Pour nos pêchés cette infortune.
Que le plus coupable de nous
Se sacrifie aux traits du céleste courroux ;
Peut-être il obtiendra la guérison commune
L'histoire nous apprend qu'en tels accidents
On fait de pareils dévouements... »
...
L'âne vint à son tour, et dit « J'ai souvenance
Qu'en un pré de moines passant,
La faim, l'occasion, l'herbe tendre, et, je pense
Quelque diable aussi me poussant,
Je tondis de ce pré la largeur de ma langue
Je n'en avais nul droit, puisqu'il faut parler net. »
A ces mots, on cria haro sur le baudet
Un loup, quelque peu clerc, prouva par sa harangue
Qu'il fallait dévouer ce maudit animal,

Ce pelé, ce galeux, d'où venait tout le mal.
Sa peccadille fut jugée un cas pendable.
Manger l'herbe d'autrui ! Quel crime abominable !
Rien que la mort n'était capable
D'expier son forfait : on le lui fit bien voir.

Selon que vous serez puissants ou misérables,
Les jugements de cour vous rendront blanc ou noir.

La Fontaine.

SORCIERS ET ENGRAISSEURS

D'autres fois on répandait la nouvelle selon laquelle des bohêmiens et des sorciers semaient la peste au profit du diable. Ces « suppôts de Satan » préparaient des pâtes mortelles composées du pus des bubons, de menstrues, d'araignées, de baves de crapaud, mêlées à de la poix ou à de la graisse animale pour fixer le poison aux bancs des chapelles et des cathédrales. Dans « Gargantua », par la bouche de Grandgousier, Rabelais dénonce avec humour « ceux qui par art magique ou autre artifice ont mis la peste » dans le pays nantais.

A Saint-Lô, en 1601, le médecin Marquier, ayant soigné les pestiférés plus efficacement que ses collègues, fut inculpé de sorcellerie. En 1620, à Agen, le bureau sanitaire fit enfermer une femme coupable de « traiter les infects (les pestiférés) par des conjurations » dignes d'une sorcière. En 1637, à Martagny près de Caen, un homme fut pendu pour avoir transmis la peste magiquement. A Loudun, le début de l'affaire des possédées coïncida avec l'épidémie de 1632. Certes, les Ursulines, repliées sur leur hystérie et isolées du monde dans leur couvent, ne furent guère atteintes par le fléau mais Urbain Grandier, curé de la paroisse, très dévoué aux pestiférés, fut, entre autres accusations, déclaré responsable du mal puisqu'il avait péché contre Dieu qui « déteste le vice de l'embrassement des femmes ». Les pires calomnies déferlèrent sur le prêtre et le conduisirent au bûcher malgré toutes ses protestations d'innocence.

Souvent également, les soupçons se portèrent sur ceux dont on pensait qu'ils tiraient profit de la maladie : les barbiers-chirurgiens par exemple. La peste était en effet pour eux une occasion de promotion puisqu'ils devenaient alors indispensables pour pratiquer les saignées, ouvrir ou cautériser les bubons. Ordinairement barbiers, leurs habileté manuelle leur permettait d'échanger rasoirs et ciseaux contre lancettes et pincettes en temps de peste. Aussi avait-on sans cesse recours à leurs services en échange de primes intéressantes et la promesse de les investir du titre de maître en chirurgie une fois l'épidémie passée. Des lettres de maîtrise les mettaient sur pied d'égalité avec les chirurgiens professionnels, leur donnant droit de « tenir boutique ouverte » ; s'ils venaient à décéder, leurs femmes pourraient leur succéder « comme faisaient

les veuves des autres maîtres ». Malgré l'ordonnance de Charles VI en 1383 selon laquelle « le premier barbier du Roi est le chef de toutes la barberie et chirurgie du royaume », les chirurgiens de robe longue, parlant latin, acceptaient très mal comme confrères les barbiers-chirurgiens de robe courte. Leur hostilité se communiquait parfois à la foule, avide de coupables, qui les désignait des noms de « voleur, vendeur de chair de chrétien », leur jetant des pierres et les menaçant de coups de pistolet.

On accusa aussi les infirmiers chargés des malades à domicile ou dans les hôpitaux. Ce personnel sans compétence précise, embauché à la hâte dans la panique, se recrutait parmi les plus misérables car il fallait ne rien avoir à perdre et beaucoup à gagner pour se porter volontaire au soin des pestiférés ! Ainsi que les désinfecteurs, parce qu'ils entraient librement dans les maisons, on les assimila souvent, parfois avec raison, à des cambrioleurs ou engraisseurs ! Au XVIIe siècle, à Lyon, la conduite de ces hospitaliers, aidés de leurs femmes dans l'accomplissement de larcins nocturnes, suscita de vives réactions populaires ; les Lyonnais comprirent en effet que leurs continuelles allées et venues augmentaient les risques de propagation du mal.

On n'hésita pas non plus à s'attaquer aux grands ; ainsi à Apt en 1588, le Prévôt du chapitre fut accusé d'avoir introduit la peste en ville, ayant été dispensé de quarantaine au retour d'un voyage.

Plus généralement tout marginal devint le bouc émissaire : en 1542, à Toulouse, deux prétendus semeurs de peste furent condamnés à être brûlés à petit feu ; en 1559, il en fut de même à Albi ; en 1564, à Orgelet, dans le Jura, un homme fut exécuté pour avoir « mis la peste à vingt-cinq maisons, en les frottant subitement d'une graisse qu'il portait dans une boîte dans laquelle était aussi l'antidote dont il usait tous les matins pour se préserver et garantir du mal qu'il donnait aux autres ». En 1577, à Lyon, « Dieu permit que l'on découvrit miraculeusement dans l'une des îles qui sont le long du Rhône, à l'entrée de la ville, de nuit, certains engraisseurs qui engraissaient le gravier pour attraper les pauvres buandières qui iraient le lendemain matin laver leur linge ». Le conseil de ville décida « de faire bonne garde la nuit par la ville, de faire mettre des lanternes et des fallots par les carrefours ». En 1581, le roi Henri III autorisa les Parisiens à tuer sur le champ « pour servir de terreur aux autres, tous ceux qui seraient trouvés semant la peste par le moyen de certaines pourritures, emplâtres et autres infections ». Au XVIIe siècle, à Agen, les responsables de la santé firent garder militairement les moulins de la rivière pour éviter la mouture « de blés infects » apportés dans une mauvaise intention.

Les engraisseurs

« Je me souviens que en l'an 1555, étant alors jeune écolier à Padoue, je vis pendre et étrangler un médecin espagnol et quelques-uns de ceux qui étaient députés pour nettoyer les maisons de la ville, alors affligée de la peste, parce qu'au lieu de nettoyer, ils infectaient lesdites maisons avec certains emplâtres qui leur étaient donnés par ce maître médecin...

Les calvinistes, comme en 1564 où ils se servirent de la peste de Bâle et d'Allemagne pour infecter Lyon, ainsi en 1577 se sont-ils servis de la peste de Venise, Milan et Lombardie dans le même but tant par le moyen de deux ou trois maisons qui sont en cette ville et de certains de leurs partisans qui se disent grisons. Lesquels, sous prétexte de faire venir des soins d'Italie et sous le nom, titre et privilège supposé de Grisons, ont vraisemblablement amené la contagion en cette ville. Ils commencèrent dès leur arrivée à semer leur graine par la citadelle, ce qui leur fut fort aisé par le moyen des goujats et des putains, d'où, par un commun malheur, les soldats sont aujourd'hui suivis. »

Claude de Rubys, *Discours sur la contagion de la peste en la ville de Lyon,* 1577.

LES MENDIANTS ET AUTRES RESPONSABLES

C'est aux mendiants que l'on s'en prit enfin, sans doute à juste titre puisqu'ils vagabondaient d'une ville à l'autre, ignorant tout des plus élémentaires règles d'hygiène. Les cités eurent toujours le souci de s'occuper de « leurs » pauvres, nés dans « leurs » paroisses, mais en période de crise biologique elles rejetèrent unanimement « les pauvres étrangers ». Par temps de famine ou de peste, des miséreux sans racines affluaient en ville, s'y entassaient dans des taudis ; les magistrats incommodés « par leurs immondices qui infectent toutes les rues » les faisaient « bouter » hors les murs, de force si nécessaire. Ainsi, lors de l'épidémie de 1467, l'assemblée des notables et du clergé dijonnais les fit expulser brutalement. Au XVIe siècle, les municipalités de Grenoble et de Châlons-sur-Marne constatèrent que la peste avait débuté dans les hospices accueillant les malheureux venus de l'extérieur. Daté de 1596, un arrêt du Parlement de Paris où sévit une cruelle contagion, ordonna que « tous les gens sans maîtres et sans aveu, ainsi que tous les pauvres valides non parisiens, se retirent dans les vingt-quatre heures aux lieux de leur naissance à peine d'être pendus et étranglés, sans forme ni figure de procès ». Ils furent tondus, rasés par mesure de prophylaxie et pour être repérés plus facilement par les archers, surnommés « chasse-gueux », ayant à les faire évacuer. Le Parlement de Rouen, au cours des épidémies de 1622 et 1623, interdit le vagabondage, la mendicité et refoula les indigents qui arrivaient d'ailleurs. Un capitoul de Toulouse écrivait à ses collègues : « les pauvres nous apporteront ici quelque malheur si l'on n'y donne promptement ordre, on travaille à les sortir de la ville », et lorsque ce fut fait, il ajouta : « nous commençons à respirer un meilleur air depuis l'ordre qu'on a mis pour le renfermement des pauvres ». Cet « enfermement » fut un des soucis majeurs de Louis XIV qui redoutait les émeutes populaires dont les mendiants constituaient des éléments actifs ; une déclaration royale de 1662 exigea la création d'un hôpital général dans toutes les grandes villes « pour y loger, enfermer et nourrir les mendiants natifs des lieux, ou qui y auront demeuré pendant un an ». Au XVIIe siècle encore, à Poitiers, « certaines troupes de quémandeurs et d'étrangers » furent déclarées responsables de l'épidémie alors régnante. En effet, beaucoup de pèlerins passaient dans ces régions du sud-ouest, lieux de convergence des chemins de Saint-Jacques, y disséminant la contagion. Par ailleurs, nos ancêtres remarquèrent souvent que l'épidémie coïncidait avec l'arrivée de voyageurs dans les auberges : « En l'an 1579 – écrit Nicolas Ellain – un marchand étranger venant d'un lieu infecté arriva à Paris et apporta la peste dans l'hôtellerie où il était descendu. » Négociants et colporteurs étaient, en effet, les plus susceptibles de transporter le microbe pesteux. Parmi les commerçants, ceux qui apparurent très vite comme les plus dangereux furent les vendeurs de tissus, vêtements, chapeaux, cuirs : la peste arriva en 1604 à Collioure par l'intermédiaire de pelleteries ; en 1629 à Nîmes par l'entremise d'un tailleur, à Digne par celle d'un marchand d'étoffes, à Apt en 1631 par celle d'un chapelier. En 1627, elle parvint en Agenais par la médiation de deux femmes qui avaient eu l'imprudence « d'aller partager plusieurs hardes, meubles et nippes de leur père mort de peste » en d'autres lieux. La peste de 1664 fut transmise à Toulon par une balle [1] de soie venant de Smyrne. Ce furent de vieux souliers débarqués à Dieppe en 1630 qui déclenchèrent l'épidémie dans ce port.

Ainsi donc, en condamnant certains infirmiers, les prostituées, les mendiants, en se méfiant des étrangers et de leurs marchandises, les hommes de l'Ancien Régime luttaient contre la contagion dont ils comprirent de mieux en mieux les mécanismes. Le mot lui-même avait été très tôt synonyme de peste. Dès le XVIe siècle, le médecin et poète italien Jérôme Fracastor affirmait que « la contagion se fait par des particules qui ne tombent pas sous les yeux ». Son confrère et contemporain Ambroise Paré soulignait que « si l'un est pris de peste, elle se communique ordinairement à tous ». C'est pourquoi les rassemblements de foule furent dénoncés comme responsables de la propagation du mal. Aux lendemains des fêtes de la Noël 1628 à Lyon par exemple, le nombre des décès quotidiens doubla. Les médecins du XVIIe siècle en conclurent « La cause la plus directe de l'épidémisation de la peste, c'est le contact immédiat ou médiat. Immédiat, c'est le pestiféré lui-même ; médiat, ce sont les déjections des pestiférés, l'air qu'ils respirent ou encore les laines, les fourrures, les vêtements, les livres, les vieilles chartes qui leur appartiennent » (Nicolas Lamelin, médecin à Lille en 1628).

1. Balle, ballot : paquet de marchandises.

... *Mêmes conséquences*

FUIR ENCORE

« Satan pourchasse celui qui fuit et frappe celui qui reste, de sorte que nul ne lui échappe. »

Luther (1527).

Vivre avec la peste, c'était vivre avec la peur, la mort aux trousses. La frayeur se traduisait d'abord par une panique générale où chacun cherchait à quitter le lieu où le mal s'annonçait. Les fuyards véhiculaient ainsi l'épidémie. Pour François Citoys, médecin de Louis XIII, « c'est tenter Dieu que de vouloir rester dans un lieu où on risque la contagion ». C'est pourquoi les rois de France furent les premiers à donner le signal du départ ; en 1380, Charles V quitta Paris pestiféré pour Montargis ; en 1432, le duc de Bedford, Régent, se réfugia à Mantes, Louis XI à Orléans en 1466. En 1519, François Ier abandonna la région angevine, tout comme Pantagruel, fils spirituel de Rabelais qui vivait « à Angers, où il se trouvait fort bien et y eût demeuré quelque espace, n'eut été que la peste l'en chassa ». En 1580, Henri III, à son tour, délaissa

Saint-Maur-les-Fossés pour Blois, tout en interdisant aux officiers de la Cour d'abandonner leurs postes ; ceux d'entre eux qui avaient déjà déserté la capitale furent contraints d'y revenir rapidement « sous peine de perdre leurs états ». Six ans plus tard, la reine Marguerite de Valois quitta précipitamment son château proche de Carlat où la peste se déclarait puis, en septembre 1606, elle préféra résider à Issy plutôt qu'à Paris pour les mêmes raisons tandis que son époux, Henri IV, s'isolait à Fontainebleau avec sa cour et le poète Malherbe. Une autre fois, en 1631, « la contagion s'étant renouvelée dans la ville de Nancy, Son Altesse (le duc de Lorraine) en est sortie ainsi que les Princes, Princesses, Seigneurs et Dames, leurs trains et la plus grande partie des bourgeois ». Le comble de la générosité princière fut atteint par la duchesse Marguerite de Bavière qui, ayant fui Dijon infectée pour Auxonne, écrivit à la municipalité dijonnaise, le 28 août 1414 : « Chers et bien aimés. Parce qu'il y a maintenant à Dijon pestilence et mortalité de bosse, qui est chose contagieuse, comme vous savez, nous voulons et nous vous demandons de faire savoir... que les habitants de cette ville ne fréquentent pas la ville d'Auxonne où nous et nos enfants sommes retirés pour éviter la dite pestilence » ! De grands personnages ne firent pas preuve de plus de courage : en 1583, revenant de voyage, Montaigne, depuis sa retraite de Libourne, se démit par correspondance de sa fonction de maire de Bordeaux où sévissait la peste ; en 1630, le célèbre cardinal de Richelieu quitta la vallée de la Maurienne infectée. Les hauts dignitaires évitèrent leurs villes en temps de contagion : ainsi l'archevêque et le gouverneur de Lyon ne revinrent vivre au cœur de la cité qu'une fois l'épidémie passée en juillet 1629. Les membres des cours de justice, parlements, sénéchaussées, baillages, présidiaux ne cessèrent de fuir la peste. Dès 1380, le Parlement quitta la capitale avec le roi pour Montargis. Il en fut de même au siècle suivant où le Parlement d'Aix-en-Provence se réunit à Manosque, celui de Rennes à Nantes ; en 1596 Henri IV mit le Parlement de Paris en vacances.

Le haut clergé agit souvent de la même façon : en 1410, l'évêque de Grenoble émigra dans son château de Saint-Hilaire ; à Poitiers, en 1472, les chanoines de Notre-Dame-la-Grande ne tinrent plus chapitre, en 1484, ceux de Saint-Hilaire-le-Grand les imitèrent ; en 1513, le chapitre de Saint-Étienne d'Agen prit une décision semblable ; de 1575 à 1578, l'évêque de Coutances vécut dans son manoir de l'Oisellerie, à l'abri de la pestilence ; en 1587, les chanoines de Toul se réfugièrent à Vaucouleurs ; en 1628, le vicaire général de l'archevêché de Lyon élut domicile à Saint-Rambert, le doyen de l'église de Lyon s'expatria à Chamosset. Les bourgeois abandonnèrent aussi leurs villes : en 1501, Nantes fut désertée par les riches qui avaient fui, laissant « la clé sous l'uys » ; en 1515 « les aisés » de la Rochelle étaient tous « au vert » ; en 1597 les Espagnols prirent Amiens sans difficulté car aucune garde ne la protégeait. En 1628, à Lyon, les bourgeois se précipitèrent dans leurs maisons de campagne. La pratique était si courante que des baux de location à la campagne prévoyaient l'éventualité du retour du propriétaire en cas de contagion dans sa ville. Pendant une peste de la fin du XVIe siècle, l'université de Pont-à-Mousson dut fermer ses portes, à Strasbourg élèves et maîtres se réfugièrent en Forêt Noire tandis que les employés de l'hôpital des pestiférés délaissaient leurs postes ; on ne put les remplacer. A Argentan, un seul des frères de l'Hôtel-Dieu demeura pour soigner les pestiférés ; les religieuses de Bayeux quittèrent leur couvent.

Le petit peuple lui aussi n'hésita pas à fuir, comme le raconte Claude de Rubys, décrivant la peste lyonnaise de 1577. « Ces petites gens, effrayés de la crainte de la mort, se souvenant encore de cette grande peste de l'an 1564, commencèrent à plier bagage, à se retirer avec leurs femmes et enfants çà et là par les villages, pour changer d'air et éviter la contagion de leurs voisins infects. Encore que ce fût une chose fort pitoyable à voir ces pauvres gens se retirant les uns avec leurs petits enfants aux bras, les autres avec ânes, chevaux et charrettes, chacun selon son moyen, chargés de leurs femmes et enfants, de leurs meubles et hardes, disant adieu par la ville à leurs parents et amis. »

... *Mêmes conséquences*

MŒURS, MENTALITÉ, EXTRAVAGANCES

Les départs en masse facilitèrent les vols, soucis supplémentaires des municipalités souvent impuissantes devant l'ampleur du phénomène en temps de contagion. Pour quantité de pauvres gens, inconscients du danger encouru, mais n'ayant matériellement rien à perdre, quel attrait représentait ces riches hôtels particuliers abandonnés par leurs propriétaires ou ces maisons marquées du sceau de la pestilence que la maladie et la mort avaient vidées de leurs occupants ! Certains, au mépris inconscient de leur vie, s'installaient dans ces lieux vacants ; les conseils de ville et de santé ne cessèrent d'empêcher ces pratiques et les punirent sévèrement le plus souvent par des tortures publiques : carcan, estrapade [1], fustigation et quelquefois par l'arquebusade. Malgré ces sanctions, on continuait à voler même les pestiférés à l'hôpital. La friponnerie se manifesta d'une autre façon : quelques rares médecins et chirurgiens mais de nombreux « corbeaux », chargés de l'enlèvement des malades et des morts, vendirent leurs services, déjà rétribués par les cités. D'autres, à leur entrée à l'hôpital, falsifiaient leur identité, leur adresse, leur fonction afin de préserver un commerce, une réputation, une alliance.

Bientôt toutes ces précautions devinrent inutiles car les familles disparurent ; il n'y eut plus de mariages ; les boutiques fermèrent les unes après les autres, les villes succombèrent. La désorganisation administrative due à l'exode des responsables locaux et les règlements de peste transformèrent les cités devenues méconnaissables. Les

1. Estrapade : supplice qui consiste à attacher une victime à une corde, puis à la laisser tomber brutalement d'un mètre ou plus.

mesures préventives prises par les commissions sanitaires, telles que le fait de murer les portes des pestiférés, d'enfermer les suspects chez eux, ne leur permettant de communiquer avec l'extérieur que depuis leurs plus hautes fenêtres, le passage régulier des chariots mortuaires ou des charrettes de malades signalés par de frêles clochettes, les cadavres déposés devant les portes, dans la rue, le silence des cloches des églises, l'odeur du soufre répandu pour désinfecter les lieux, faisaient des villes pestiférées des cités d'Apocalypse. Tant que de petites fumées s'élevaient au-desssus des toits, on savait que la vie demeurait encore ici ou là ; lorsqu'elles disparaissaient, on devinait que la mort avait étendu davantage les mailles de son filet. Au cours des jours et des nuits, cette étreinte mortelle se resserrait : il n'y eut bientôt plus de notaires pour enregistrer les testaments dictés des fenêtres, plus de curés pour baptiser, confesser, dire la messe, les rares baptêmes se déroulèrent dans la rue, tout autre lieu étant considéré comme plus dangereux ; parfois les loups entraient dans les villes désertes ou glacées de peur. Ainsi en 1626, aux portes d'Angers, il fallut armer des pères récollets dont le couvent était cerné par ces bêtes avides de chair. D'autres fois, l'herbe poussait sur les places publiques, dans les rues dont le pavé n'était plus foulé que par les médecins et les fossoyeurs, noirs fantômes, ainsi que par les fourgons macabres.

Finis le rire et la joie, finies les fêtes exubérantes : les écoliers et les étudiants ne sont plus, la ville est morte. Elle est coupée du monde des vivants, ses voisines ne veulent plus aucun contact avec elle : elle est mise au ban, elle est en quarantaine ; des messagers rapides en informent les bourgs, les ports et les pays les plus lointains.

La ville ou le village pestiféré est donc l'exclu : on ne s'y rend plus, on ne reçoit rien d'elle ou de lui. Les foires et marchés qui avaient coutume de s'y tenir n'ont plus lieu. Ainsi, la grande foire de Saint-Flour, qui durait trois jours chaque année, fin mai-début juin, fut supprimée pendant toutes les épidémies de peste des XVIe et XVIIe siècles. Le 14 mai 1622, le Parlement de Rennes défendit « aux habitants de Saint-Malo et pays circonvoisins, aux messagers et voituriers de trafiquer en cette ville et faubourg, d'aller audit Saint-Malo, d'y amener ou faire conduire aucune marchandise, sous peine de confiscation d'icelles, des chevaux, des charrettes et autres plus grandes peines. Défense était également faite d'y aller séjourner pendant le temps que ladite maladie continuera ». En octobre 1631, la grande foire aux oignons de Rennes fut interdite. Les villes et les villages « infects » devenaient donc très vite les victimes du blocus qu'exerçaient contre eux les lieux demeurés sains. Eux-mêmes d'ailleurs, avant d'être atteints, avaient eu la même attitude vis-à-vis des cités et des bourgs suspects de contagion. Cette mesure se retournait ensuite contre eux par un juste retour de balancier. Lyon, qui s'était fermée aux villes et provinces réputées atteintes de peste au printemps 1628, fut bannie à son tour à l'automne de la même année. Le problème du ravitaillement de la cité se posa de façon aiguë. Au début de septembre, Mâcon livra « deux à trois mille asnées [1] » par bateaux sur la Saône. Le déchargement se fit hors des murs septentrionaux de la ville par des personnes « non suspectes » qui assurèrent le paiement immédiat des grains. On implora les gouverneurs et

1. Asnée : charge portée par un âne, soit 210 litres de grains.

seigneurs des régions limitrophes pour qu'ils permettent à leurs paysans de venir approvisionner la ville. Les bouchers de Saint-Galmier acceptèrent de jouer le rôle d'intermédiaires entre les Lyonnais acheteurs et les Avignonnais vendeurs de viande.

En 1631, Clermont-Ferrand connut les mêmes affres que Lyon en 1628, au point qu'un Clermontois voulut détourner les eaux de l'Artières afin d'assoiffer les habitants de Montferrand qui empêchaient le ravitaillement de sa ville. La capitale de l'Auvergne acheta son blé à des étrangers sur un marché extérieur à la ville ; elle obligea la corporation des bouchers à accepter des concurrents qui n'étaient pas maîtres « es boucherie », elle fit ramasser du bois pour les besoins de la cité dans les maisons abandonnées mais non infectées. Tout était mis en œuvre pour que la survie fut possible. Afin de ne pas en arriver à de telles extrémités, les autorités municipales cachèrent souvent l'épidémie naissante, à la fois pour empêcher trop de départs en catastrophe et pour garder d'excellentes relations commerciales avec leur voisinage. Très vite la mort devenait quotidienne et tellement banale que les cérémonies funèbres perdirent tout leur éclat et bientôt d'ailleurs, disparurent. Le respect du cadavre s'évanouit ; un mort ne fut plus qu'un objet dangereux que l'on ramassait à la pelle ou avec de longues pinces par précaution ; il rejoignait dans l'anonymat des centaines d'autres corps entassés dans des fosses où la chaux les consumait. Pour les vivants, ce fut une rupture supplémentaire avec les coutumes ancestrales, religieusement conservées. En temps de peste, le psychisme fut profondément ébranlé, l'équilibre mental des hommes et femmes de l'Ancien Régime vacilla plus que jamais.

Les débordements de jouissance des uns inquiétaient les prêtres qui pensaient, comme le Père Grillot à Lyon en 1628, « que des démons se sont mêlés souvent en cette maladie, ce qui donna sujet à quelques religieux de ceux qui visitaient les malades, d'user d'exorcismes tacites et courts en entrant dans leurs chambres ». La peste rendit fou plus d'un homme et d'une femme. Fou de peur d'abord au point qu'en Languedoc, en 1629, des paysans détruisirent des chemins pour empêcher toute communication avec les régions infectées. Ambroise Paré raconte « qu'il y a quatre-vingts ans (soit vers 1488) la peste avait sévi avec une telle rage à Lyon, que des femmes principalement, sans apparence d'aucun mal en leur corps, se jetaient dedans leurs puits, d'autres dans le feu, certaines à la rivière, on en a vu se précipiter par les fenêtres de leurs chambres sur le pavé, se heurter la tête contre les murailles jusqu'à en faire sortir la cervelle. En outre, j'ai vu – affirme Ambroise Paré – un prêtre de l'Hôtel-Dieu de la paroisse Saint-Eustache à Paris tuer trois malades, des moribonds s'envelopper dans des draps pour ne pas être enterrés nus ». Certes, la fièvre provoquait un délire générateur d'actes déments mais beaucoup de ces gestes manifestaient aussi un désespoir profond. A Lyon encore en 1629, le Père Grillot, fidèle observateur, vit des vivants emportés volontairement ou non avec des morts, apprit qu'un couple s'était cousu dans un même linceul pour ne pas être désuni, qu'un malade, ayant perdu toute sa famille, s'était creusé une tombe auprès de laquelle il s'allongea pour s'y glisser lorsqu'il sentirait la mort s'emparer de lui. En 1625, les habitants de Breteuil, au nord de l'Ile de France, prirent l'habitude, lorsqu'ils étaient atteints, d'aller se coucher dans des fosses individuelles creusées à l'avance dans le cimetière paroissial afin d'avoir une sépulture chrétienne. D'autres défièrent la mort, tel ce jeune lyonnais qui, le chapeau sur l'oreille, les mains sur les hanches, suivait le convoi funèbre en chantant et dansant. A Digne la même année de peste, des hommes, malades ou non, se livrèrent à des exhibitions sur les toits : la dérision était aussi une façon d'exorciser le mal.

Ambroise Paré rapporte encore : « Il s'en est trouvé saisis de telle appréhension de la mort, étant frappés de cette maladie, que pour se secourir eux-mêmes, ils se sont appliqués des fers sur la bosse, se brûlant tout vifs. D'autres l'ont arrachée avec des tenailles pensant se garantir. » Enfin, le Père Grillot témoigne aussi du degré d'intensité des drames psychiques : « des femmes devenues tout à coup taciturnes, l'air abattu et un chapelet à la main, faisaient retentir l'air de hurlements affreux ; il y en eut qui, au bruit de la sonnette attachée aux tombereaux pour avertir les passants de s'éloigner, tombèrent sans vie ; on en vit d'une fortune et d'une condition au-dessus du commun qui, ayant entendu sonner la prière pour demander à Dieu la cessation du fléau, furent saisies d'une telle frayeur, qu'elles tombèrent malades en rentrant chez elles et moururent ». La peur panique tuait, comme la peste, de façon foudroyante. Daniel Defoe a pu écrire à propos de la peste de 1665 à Londres : « Il était rare que le bulletin nécrologique parût sans qu'y figurassent deux ou trois décès sous la rubrique “ peur ”, et l'on pouvait bien dire que ceux-là étaient morts de peur. Mais en dehors de ceux chez qui la peur amenait une mort immédiate, il y en eut beaucoup qu'elle poussa à d'autres extrémités : certains perdaient connaissance, d'autres la mémoire, d'autres encore l'entendement. »

La peste

On dit bien : « Le mal s'en va-t-à pied, mais il vient à cheval. » Il s'est mis postillon de rouliers d'Orléans pour nous rendre visite. Lundi de la semaine passée, un cas de pestilence fut semé à Saint-Fargeau. Mauvaise graine, prompte croissance. A la fin de la semaine, il y en avait dix autres. Puis, puis, se rapprochant de nous, hier, la peste éclate à Coulanges-la-Vineuse. Beau bruit dans la mare aux canards ! Tous les braves ont pris les jambes à leur cou. Nous avons emballé femmes, enfants et oisons, et nous les avons expédiés au loin, à Montenoison. A quelque chose malheur est bon. N'y a plus de caquet dans ma maison... Des gros messieurs, beaucoup trouvèrent de bonnes raisons pour faire un tour de promenade, la voiture attelée ; le jour leur sembla bon pour aller voir comment se portaient leurs moissons... On se croyait si sûr que la peste ne nous ferait pas l'honneur de sa visite ! Elle avait le nez fin, disait-on ; le parfum de nos tanneries l'offusquait (chacun sait qu'il n'y a rien de plus sain). La dernière fois qu'elle vint dans le pays (c'était vers l'an mil cent quatre-vingts, j'avais l'âge d'un vieux bœuf, quatorze ans) elle avança le nez jusqu'au seuil de notre huis et puis, l'ayant flairé, s'en était retournée... Le père Grattepain... narguant la maladie... me disait :

Tiens tes pieds bien au chaud
Tiens vides tes boyaux
Ne vois pas Marguerite,
De tout mal seras quitte.

Romain Rolland, *Colas Breugnon* (Albin Michel).

DÉSÉQUILIBRE SOCIAL ET ÉCONOMIQUE

« Labeur a perdu son espérance ; marchandise ne trouve pas de chemin qui la puisse mener en sécurité. »
Alain Chartier, « Le Quadrilogue invectif », 1422.

Aux temps modernes comme au Moyen Age, la peste provoqua des « émotions » populaires. A Poitiers, pendant l'épidémie de 1437, un tanneur fut arrêté pour avoir accusé les notables de la ville d'être responsables de l'augmentation des prix et avoir déclaré qu'il fallait leur couper la tête. En 1596, à Paris, les taxes prélevées pour l'entretien des pestiférés occasionnèrent des troubles, les parisiens refusant de les payer. Au cours de la pestilence poitevine de 1631, le peuple assiégea l'Hôtel de ville pour « houspiller les échevins », incapables de freiner la hausse des prix. La même année, à Clermont-Ferrand, une révolte éclata parce qu'un fuyard fut dénoncé pour avoir emporté des réserves de blé cachées sous ses meubles dans une charrette ; les dirigeants de la ville s'inquiétèrent car le départ des notables risquait de « donner liberté aux gens de basse condition de faire des séditions ». De plus, la fuite des riches, fabricants et consommateurs, entraînait la chute des activités urbaines tout comme l'arrêt du commerce, si bien qu'à Paris, à la fin du XVIe siècle, pendant une des nombreuses épidémies de peste qui frappèrent la capitale, « les artisans, au lieu de travailler, passaient leur temps à jouer aux quilles dans les rues, pendant qu'ils languissaient la plupart de faim et de misère ». Plus généralement, le chômage engendré par la peste fut à l'origine d'émeutes. Amiens, en 1570, eut 4 000 de ses ouvriers du textile désœuvrés pendant la contagion ; en 1635, les mêmes conditions provoquèrent un soulèvement général ; en 1668, la manufacture de draps ferma, mettant à la rue 8 000 personnes. A Reims, en 1635, la foule sans travail réclama une aide et la possibilité de quitter la ville pour chercher fortune ailleurs. A Gap en 1565, comme à Lyon en 1628, les tripiers furent contraints « d'aller laver, nettoyer et apprêter leurs tripes hors les chaînes et murailles de la ville ». Les tanneurs, les pelletiers durent agir pareillement ; cela revenait à les empêcher d'exercer leur métier. De même, à Agen en 1629, le rouissage du chanvre et du lin dans les ruisseaux fut interdit. Quatre ans plus tard, à Strasbourg, la mort de la fille d'un employé eut pour conséquence la fermeture de l'hôtel des monnaies pendant le temps de peste. L'année suivante, à Lamballe en Bretagne, on cessa de cultiver la vigne rendue responsable de l'épidémie de peste. Ce sont là quelques exemples d'une réalité bien plus dure encore.

Également très pénalisés furent les commerçants. Dès le XVe siècle, les villes saines se mirent en état de siège lorsqu'elles savaient leur voisinage atteint au point que la famine fit plus de victimes que la peste. Parfois, dans le malheur, les hommes firent preuve de solidarité : ainsi la municipalité de Bordeaux porta secours à Bayonne affamée en 1547, Aurillac à Figeac en 1653. Lors de l'épidémie de 1515, le conseil de ville de La Rochelle fit saisir huit navires chargés de blé à destination de l'Espagne pour remédier à la pénurie alors régnante. En 1664, Bordeaux mettait en quarantaine des navires venus de Scandinavie, connue pour être « infectée » à cette date. Le commerce subissait donc gravement les conséquences de la peste : par trois fois, au cours du XVIe siècle à Lyon, lors d'épidémies de peste, le commerce des épices, normalement fleurissant, s'effondra complètement. Les grandes foires internationales souffrirent également beaucoup de ces contagions qui furent peut-être responsables de leur déclin.

Pendant la peste de 1520, Châlons-sur-Marne défendit à ses habitants de se rendre aux foires de Champagne, Grenoble à celle de Lyon, Avignon à celle de Beaucaire en 1656. Beaucoup de foires locales furent repoussées à une date ultérieure. Le plus souvent, foires et marchés furent supprimés. En contrepartie, pour empêcher qu'on ne les boude, beaucoup de villes cachaient leurs premiers malades afin de laisser les relations commerciales libres pour constituer des stocks nécessaires à la mise en quarantaine prochaine.

En temps de peste, les prix montent car les denrées manquent ou sont susceptibles de faire défaut très vite ; les salaires baissent puisqu'il y a pléthore de main-d'œuvre, la plupart des activités ayant cessé et beaucoup de pauvres restant en ville. Par contre, après la peste, les prix s'effondrent car la demande a diminué ; les salaires augmentent puisque les manufactures et les commerces reprennent leurs activités ayant un grand besoin d'hommes valides, devenus plus rares après les grandes mortalités. A une époque cauchemardesque succède un temps plus heureux.

A Limoges, les poussées épidémiques du début et de la fin du XVe siècle suscitèrent des flambées de prix. A Narbonne, pendant la peste de 1562, la viande de bœuf augmenta de moitié pour retrouver son coût ordinaire tout de suite après l'épidémie ; lors de celle de 1628-1629, le prix de cette denrée monta à nouveau pour s'effondrer dans les années 1630-1635. A Lyon, après la hausse enregistrée pendant la contagion de 1628, dès le mois de janvier suivant, le coût de la vie baissa d'un tiers par rapport aux deux années précédentes. En 1630, pendant la peste, à Toulouse, les prix doublèrent. En 1619, à l'arrivée du mal dans la capitale, de nombreuses personnes cherchèrent à s'isoler et les loyers augmentèrent tellement que le Parlement dut imposer des diminutions pour ne pas accélérer la ruine des petits artisans et commerçants que la peste n'allait pas tarder à réduire à la mendicité. A Lyon, entre 1624 et 1634, le mouvement des salaires fut diamétralement opposé à celui des prix ; en effet, après l'épidémie de l'hiver 1628-1629, les rémunérations augmentèrent de près de 50 % contrairement aux prix. Par ailleurs, les pestes grevèrent les budgets municipaux et les dépenses qu'elles occasionnèrent provoquèrent d'énormes déficits budgétaires. Les premiers frais qu'eurent à supporter les villes furent ceux dus aux inhumations : au début du XVIe siècle, la ville de Paris acheta six arpents de terre, soit deux hectares, dans la plaine de Grenelle pour ensevelir les pestiférés. Puis il fallut construire des hôpitaux spécialisés : en ce siècle d'humanisme, les municipalités se chargèrent du soin, de l'entretien et de la nourriture des malades, théoriquement des plus pauvres seulement, en fait le plus souvent de tous, tant les désordres engendrés par le mal empêchaient un contrôle rigoureux des revenus des hospitalisés.

Une autre des conséquences immédiates de l'apparition de la peste fut l'impossibilité de faire rentrer les impôts, d'une part parce que les décès et des départs rendaient difficile leur recouvrement, d'autre part parce que la maladie et l'arrêt des activités économiques empêchaient la plupart de faire face à leurs redevances fiscales. La taille royale dont le revenu fut multiplié par vingt-cinq entre le milieu du XVe siècle et le milieu du XVIIe siècle rapporta généralement deux fois moins en temps d'épidémie qu'en temps normal. Au XVe siècle, le dixième payé sur le vin vendu au détail à Poitiers connut une chute importante à chaque manifestation de la peste. Dans le Cambrésis, le montant des dîmes, impôts dus à l'Église, s'effondra pendant les épidémies des XVIe et XVIIe siècles ; en Alsace cette imposition habituellement versée en nature ne rapporta rien en 1635, année de pestilence. A Marseille, la gabelle procura quatre fois moins de ressources en 1556, année de maladie, qu'en 1545, année de santé ; dans cette ville, en général, elle rendit deux fois moins que normalement pendant les temps de contagion du XVIe siècle.

La monarchie dut souvent s'incliner devant les exigences municipales réclamant l'exemption ou le report d'impôt pour cause de peste. Ainsi, au cours de l'épidémie de 1393, Montélimar obtint la réduction de moitié de la taille, contribution directe ; pour la même raison, Apt fut dispensée de cet impôt en 1396 et en 1428 elle en fut exemptée pour cinq ans. Durant tout le XVe siècle, Amiens bénéficia de remises fiscales importantes « vu et considéré les mortalités qui régnèrent ». Au cours de ce siècle et au début du suivant, Rouen, Châlons-sur-Marne, Nevers et Châteaudun consentirent successivement des rabais aux collecteurs d'impôts indirects sur leurs recettes théoriques « parce que les peuples ont délaissé et abandonné les villes ». En 1589 le roi ordonna la suspension du paiement des dettes de Riom « sur l'exposé que la plus grande partie des habitants avait succombé de la peste ». En mars 1629, afin de permettre à Lyon de revivre, le roi l'autorisa à prélever à nouveau un péage sur les marchandises transitant par elle ; cet octroi rapporta plus de 25 500 livres [1] alors que les taxes sur les produits de consommation ne rapportaient presque plus rien puisque les cabarets demeuraient fermés ainsi que de nombreuses boutiques dont les propriétaires étaient morts ou n'osaient revenir en ville. Louis XIII lui-même se laissa émouvoir et envoya des secours soit en nature (il donna, par exemple, l'ordre de transporter 2 000 sacs de blé de la généralité de Toulouse dans celle de Bordeaux pestiférée en 1631), soit en espèces (il fit expédier notamment 6 000 livres à Châtellerault et 15 000 à Loudun pour les indemniser des dépenses occasionnées par la peste). Pendant l'épidémie de 1668, Dieppe reçut 400 écus de la part de Louis XIV.

Ces dons royaux ne furent pas sans contrepartie, la principale étant une plus grande aliénation des villes au profit du pouvoir central comme le montre clairement le discours de Jean de Pomayrols, conseiller du roi et juge au Sénéchal et Siège présidial de Villefranche-de-Rouergue, s'adressant aux habitants de cette ville traumatisés par la peste de 1628 : « Mes amis, le fléau nous vient du ciel ; si vous voulez que Dieu vous protège, laissez-vous diriger par ceux qui vous aiment » ! En 1467, le duc de Bourgogne, Charles le Téméraire, touché par la mort de 3 000 Auxerrois, renouvela la grâce, autrefois accordée par son père, de ne demander à Auxerre que la moitié de ses anciennes impositions. Pour continuer à « entretenir l'aumône » pendant l'épidémie de 1563, l'évêque de Saint-Flour fit don de la recette de la dîme diocésaine ; en 1580, le legs du bailli de cette ville permit de secourir 5 232 pauvres

1. Livre : monnaie divisée en 20 sous ou 240 deniers. Un écu valait plusieurs livres selon son poids d'argent.

malades. Durant l'épidémie de 1629 à Lyon, diverses donations des mourants, de la confrérie Saint-Roch et des consuls rapportèrent 7 000 livres pour le soin des malades. A Clermont-Ferrand en 1631, on fit une collecte pour aider les religieux mendiants [1] qui se dévouaient au service des pestiférés.

En tout lieu, les plus altruistes des citadins firent des cadeaux en nature pour équiper les hôpitaux et les quarantaines. A ce sujet, il est à noter qu'on obligea souvent le malade à se faire hospitaliser avec son lit, ses draps, son linge. Lorsque la générosité des plus riches ne fut pas assez spontanée ou importante, les conseils de ville prirent des mesures draconiennes vis-à-vis des aisés soit en les obligeant à nourrir leurs concitoyens dans la misère, soit en les taxant particulièrement, soit en leur imposant des emprunts forcés. Il était de l'intérêt de tous les citadins de prêter assistance aux pauvres de la ville car en les empêchant ainsi de mendier, on évitait la propagation de la maladie. C'est dans ce but que la municipalité de Saint-Flour s'attribua les recettes de la dîme en 1563. En 1604, le Parlement de Paris obligea les bourgeois de la capitale à payer promptement « l'année de la somme à laquelle ils se sont cotisés pour les pauvres ». Les mendiants, proies faciles pour le mal et susceptibles de contaminer « les autres habitants », étaient pris en charge par les notables. Ainsi à Lyon en 1628, des listes d'indigents furent affichées aux portes des riches selon le formulaire suivant : « Monsieur... vous êtes chargé de la nourriture de... pauvres ci-après nommés, à raison de trois sols par

1. Ordres mendiants : ordres religieux qui pratiquent la pauvreté. Ce sont les carmes, les franciscains, les dominicains et les augustins.

jour pour chacun desdits pauvres suivant la délibération de l'assemblée générale du mardi troisième du mois d'octobre 1628 ». Certains malheureux furent logés et nourris dans les maisons des absents ou des citoyens réticents dont on confisqua les provisions et les biens. D'autre part, « le receveur des deniers » de la ville enregistra le montant de 27 881 livres versées pour la nourriture de près de 20 000 miséreux.

Pour parer aux dépenses de l'épidémie de 1547, Marseille taxa ses nantis, cinq cents au tarif de deux écus chacun et cent à celui d'un écu. Chartres préleva 349 livres sur les revenus de son clergé pour instituer un lazaret ; Sarlat fit payer un droit à tous ceux qui partaient à la campagne ; Armentières établit un impôt « spécial peste » sur la bière ! En 1625, le Parlement de Rennes renonça à la construction d'un Palais qui devait l'abriter au profit des pestiférés. Plus généralement, les villes eurent recours à des emprunts forcés ou non pour combler les déficits engendrés par les pestes. Ainsi, en 1623, les échevins de Rouen furent autorisés par le Conseil du roi à opérer des contributions forcées pour soigner les pestiférés. Cinq ans plus tard, les consuls d'Agen visitèrent les greniers réputés opulents et saisirent « par emprunt forcé » tous les grains qu'ils trouvèrent ; ceux d'Aurillac décidèrent qu'un même type « de prêt » imposé aux riches servirait à entretenir les malades. En mai 1629, près de quatorze cents riches lyonnais avaient avancé plus de cinquante et une mille livres à la municipalité. En 1631, cent trente cinq Clermontois participèrent à une semblable opération et Agen disposa des différents legs de feu Monsieur l'Évêque. Depuis le XVIe siècle où la lutte contre la peste avait été organisée, les cités n'avaient cessé de s'endetter.

A Lyon, en 1629, les contraventions diverses et les bénéfices pris sur les désinfectants couvrirent 3 % des dépenses. Pendant l'épidémie bordelaise de 1631, les amendes fournirent deux cents livres soit beaucoup moins que la vente des offices [1] décidée par le Parlement en ces termes : « Pour subvenir aux besoins et nécessités des personnes atteintes de peste, un arrêt du Parlement du 12 août 1631 a créé deux maîtrises dans chaque corps de métier, délivrées par les maires et jurats au plus haut et dernier enchérisseur » ; la fonction de boulanger se monnaya six cents livres ! Les hommes ne manquèrent donc pas d'imagination pour trouver des ressources aptes à couvrir les dépenses énormes causées par les pestes.

DE NOUVELLES SAIGNÉES DÉMOGRAPHIQUES

« La ricaneuse mort fit une riche moisson et enlevait d'un œil sec et livide, jeunes et vieilles personnes. »
Archives de Sorbey dans l'arrondissement de Metz, 1635.

La peste a joué un rôle de premier plan dans l'évolution démographique de l'Ancien Régime. Elle a été un des facteurs essentiels de la relative stagnation démographique de ces temps dits Modernes, faisant régulièrement s'élever les courbes de mortalité et s'affaisser celles de natalité. Après les pestes, les taux de mortalité s'effondraient

1. Office : fonction administrative vénale.

contrairement à ceux de nuptialité et de natalité qui remontaient joyeusement, comblant rapidement les creux démographiques dus aux épidémies, sans parvenir à faire croître considérablement les populations.

Après l'épidémie de 1408, l'évêque de Clermont-Ferrand réunit en une seule paroisse celles de Veyrières et de Pradelles parce qu'elles ne totalisaient que trois personnes ! La peste de 1411 fit 12 000 victimes à Bordeaux et 40 000 à Paris ; celle du milieu du XVe siècle tua 16 000 angevins ; la paroisse nantaise de Saint-Nicolas vit ses décès doubler et ses naissances baisser de moitié pendant l'épidémie de 1470 à 1474 ; la peste de 1471 fit trois mille victimes à La Rochelle ; celle du début du XVIe siècle en tua 4 000 à Nantes. Pendant l'épidémie de 1512-1513, Poitiers perdit un cinquième de sa population ; durant celle de 1520, 4 000 personnes décédèrent dans le Comtat Venaissin ; quatre cents habitants de Mateprangière, village près de Saint-Flour, périrent pour la même raison l'année suivante ; Limoges eut six à sept mille morts entre 1547 et 1549, temps de pestilence. La peste de 1563 anéantit six mille habitants de Limoges ; selon certains, 60 000 Lyonnais disparurent pendant cette épidémie ! A Lyon encore « la contagion pendant l'espace de cinq mois – écrit Claude de Rubys – a eu son commencement au début de janvier dernier (1576), son exacerbation sur le mois de mars et durant tout le mois d'avril, sa diminution sur le mois de mai et sa dernière fin le six juillet. Durant tout ce temps ne sont morts que trois cents personnes, tant hommes, femmes que petits enfants ».

En 1580, « il est mort – écrit le Parlement de Paris à la ville de Lyon – six à sept mille Parisiens, ainsi que le rapport en a été fait à la police ». Certains pensent qu'il y eut jusqu'à 30 ou 40 000 décès. Le nombre des baptêmes enregistrés à la paroisse Saint-Maclou de Rouen chute d'un tiers en 1582 où sévit la peste, par rapport à 1580 ; J. Louvet raconte dans son Journal : « au mois de juillet 1583, la contagion a commencé en la ville d'Angers et a continué jusques au mois de novembre et décembre 1584, laquelle a été universelle pour tout le pays d'Anjou et a fait mourir le tiers de sa population ». Les villages de Cuon et d'Azé perdirent la moitié de leurs habitants, celui de la Chapelle d'Aligné un cinquième ; Agen, aux dires de la municipalité, était privée du tiers de ses citoyens fin octobre 1584. En 1585, la peste décima 35 % de la population bordelaise soit 14 000 sur 40 000 personnes. En 1587, deux tiers des habitants de Saint-Flour, 4 500 de ceux de Pertuis et 1 681 de ceux de Toulon décédèrent du mal contagieux. Au début du XVIIe siècle, sept villages bretons proches de Lescoff, dans l'actuel Finistère, disparurent au cours d'une peste. La Rochelle perdit 200 personnes par mois durant celle de 1602 ; Strasbourg 3 573 au cours de l'année 1610, marquée par le même mal qui anéantit 4 000 habitants d'Agen en 1625 et un quart de la population de l'Agenais en 1626.

La paroisse rouennaise de Saint-Maclou enregistra de fortes poussées mortelles pendant les épidémies de 1619, 1621, 1622, 1625 avant de sombrer, comme tout le pays, dans le tourbillon de pestilence des années 1627 à 1632. D'après les contemporains, les germes du mal apparurent pendant le siège de La Rochelle, les troupes les dispersèrent ensuite dans tout le pays. Il y eut 3 à 6 000 décès à Aurillac ; Villefranche-de-Rouergue perdit deux tiers de sa population. Dans le même temps, Saint-Étienne perdit 8 000 habitants, Saint-Chamond 10 000, Feurs 700, Saint-Bonnet-le-Château 400, Romans 810, Carpentras 3 000, Digne 8 000 soit 80 % de sa population et le village voisin de Chénérilles ne garda que trois survivants sur 35 habitants ! Besançon enterra 1 200 cadavres en huit mois de l'année 1629 tandis que Salins eut le même nombre de victimes en quelques jours du mois de novembre. De 1628 à 1632, la peste emporta 50 000 toulousains. En 1630, dans les Alpes, la forteresse de Pignerol, occupée par des soldats français, vit disparaître neuf dixièmes de ses habitants. Les mêmes ravages se produisirent en 1631 : la vallée de la Maurienne connut un taux de mortalité de 83 % ; Dôle eut 7 000 morts ; le diocèse de Cavaillon pleura 3 600 personnes, Baumes-de-Venise, en Provence, perdit 200 villageois en deux mois, l'Agenais 100 000 âmes ! En 1632, Loudun s'affaiblit du quart de sa population. L'année suivante, 5 546 strasbourgeois trépassèrent de la peste particulièrement en juillet où il mourait 40 personnes par jour et il y eut près de 400 morts en une semaine du mois d'octobre ! En Bretagne, les bourgs de Lamballe et de Maroné furent complètement détruits par la peste. En 1636, année glorieuse de Corbie et du Cid, le mal contagieux élimina la moitié des populations d'Eu, d'Ornans et le tiers de celles de Chaumont. En 1640, la peste provoqua l'abandon de cent cinquante villages de Franche-Comté ; dans un ultime assaut elle tua six mille Agenais entre 1652 et 1653.

La maladie contagieuse semble avoir causé 6 % des décès du XVIIe siècle soit entre deux et trois millions sur un total de quarante sept millions de morts entre 1600 et 1670 où elle disparut, provisoirement d'ailleurs, du territoire français. Elle fut essentiellement urbaine et sélective. Elle agit comme un révélateur des inégalités sociales. En effet, les contemporains de la peste lyonnaise de l'hiver 1628-1629 la qualifièrent, comme beaucoup d'autres avant eux, de maladie populaire parce qu'elle atteignit surtout le menu peuple, soit à Lyon les trois quarts des ouvriers en soie, les deux tiers des imprimeurs. Les uns et les autres n'avaient pu fuir contrairement aux riches, n'ayant rien ni personne pour les accueillir à la campagne ; ils étaient donc demeurés en ville, sans ressources, opprimés par la cherté de la vie, affaiblis par les privations de tous ordres, et avaient fourni à la maladie son plus fort contingent. D'après les registres d'impositions clermontois, la peste de 1631 fit disparaître plus de la moitié des plus pauvres, le tiers des personnes moyennement imposées et le cinquième seulement des plus taxées ! Les quartiers pauvres furent plus atteints que les secteurs fortunés puisque la promiscuité et l'insalubrité y étaient plus grandes. Ainsi en 1635 à Reims, les 335 maisons pestiférées se trouvaient essentiellement dans les zones misérables de la ville. Exceptionnellement cependant il arriva que l'épidémie frappât plus les aisés que les indigents. Ainsi, en 1596, elle s'abattit sur le riche faubourg parisien de Saint-Germain-des-Prés ; en 1631 le curé de Chartres nota : « Il n'est mort que des riches et en dignités, ce qui a fort étonné les chartrains. »

Enfin, comme au Moyen Age, les pestes jouèrent un rôle important dans la répartition ou la disparition des richesses, la mort des uns concentrant les fortunes dans quelques mains, celle des autres entraînant l'abandon de terroirs auparavant cultivés. Des lignées s'effacèrent avec leurs propriétés.

Si, pendant trois siècles, les mêmes causes eurent les mêmes effets qu'aux temps médiévaux, un élément nouveau apparut dès le XVe siècle, celui des actions municipales qui, conjuguées, contribuèrent à l'extinction du fléau en France.

L'enfer

« O enfants de ce siècle, ô abusés moqueurs,
Impitoyables esprits, incorrigibles cœurs,
Vos esprits trouveront en la fosse profonde
Vrai ce qu'ils ont pensé une fable en ce monde.
...
Point n'éclaire aux enfers l'aube de l'espérance
Dieu aurait-il sans fin éloigné sa merci ?
Qui a pêché sans fin souffre sans fin aussi ;
La clémence de Dieu fait au ciel son office,
Il déploie aux enfers son ire et sa justice.
...
Transis, désespérés, il n'y a plus de mort
Qui soit pour votre mer des orages le port.
Que si vos yeux de feu jettent l'ardente vue
A l'espoir du poignard, le poignard plus ne tue...
Que la mort, direz-vous, était un doux plaisir !
La mort morte ne peut vous tuer, vous saisir.
Voulez-vous du poison ? en vain cet artifice.
Vous vous précipitez ? en vain le précipice.
Courez au feu brûler : le feu vous gèlera ;
Noyez-vous : l'eau est feu, l'eau vous embrasera ;
La peste n'aura plus de vous miséricorde ;
Étranglez-vous : en vain vous tordez une corde ;
Criez après l'enfer : de l'enfer il ne sort
Que l'éternelle soif de l'impossible mort. »

Agrippa d'Aubigné (1552-1630),
Les Tragiques.

La prévention

Les municipalités firent preuve de prévoyance, d'initiative et d'organisation au point qu'elles parvinrent à triompher de l'endémie. Par une discipline intelligente mais pas toujours consentie, les hommes parvinrent à vaincre un mal dont ils ignoraient tout ou presque. Une des premières décisions que prirent les villes pour lutter contre la peste fut la création de bureaux de santé.

LES BUREAUX DE SANTÉ

Ce vocable désignait une commission de responsables nommés, élus ou volontaires munis des pouvoirs législatif, exécutif et judiciaire pour faire en sorte que la peste ne pénétrât point dans la ville ou pour en limiter les dégâts. Au milieu du XIVe siècle, Brignoles semble avoir été la première cité française à se doter d'un tel comité ; à la

fin du siècle, Avignon nomma des députés de santé. Au début du siècle suivant, Orange élut puis nomma des maîtres de santé tandis que Marseille affectait trois hommes à ces fonctions et que Montpellier établissait des capitaines de santé. La Provence et le Languedoc furent donc les premières régions à s'armer contre la peste, sans doute parce qu'elles en souffraient plus que le reste du pays, étant sans cesse en contact, par les ports de la

Méditerranée, avec le Levant où le microbe se complaisait. En 1531, Paris institua des Prévôts de santé vêtus d'une casaque noire marquée d'une croix blanche et aidés d'archers dans l'accomplissement de leurs tâches qui consistaient à dépister les malades, à les faire tansporter à l'Hôtel-Dieu, à stigmatiser leurs maisons d'une croix de bois, à obliger leurs parents à ne se déplacer qu'avec un bâton blanc, à veiller à la propreté des rues d'où étaient écartés les animaux, les mendiants et les lépreux ; à interdire les bains publics, les marchés, etc. La même année, Bourg-en-Bresse créait un commissaire de santé à la tête de chacun de ses douze quartiers. Troyes affectait un contrôleur chargé de faire appliquer les règlements sanitaires. Pendant l'épidémie de 1563, Sarlat réunit une assemblée générale dans la cathédrale pour créer une commission de huit personnes chargées de veiller à la prophylaxie. De son côté, Lyon formait un bureau sanitaire composé de quatre commissaires choisis par les échevins ; ces hommes avaient des pouvoirs sans limites et se réunissaient quotidiennement. A la fin du XVIe siècle et au début du XVIIe , toutes les villes du royaume avaient établi un organisme spécialisé dans la lutte contre la peste qui se mettait en action dès la première menace d'épidémie. La loi entérinant toujours les faits, le Parlement de Paris, cour suprême, décida en 1665 que chaque ville avait l'obligation désormais de posséder un conseil de santé permanent. Louis XIV et Colbert nommèrent d'ailleurs de grands personnages à la tête de ces comités : Barillon, conseiller du roi, présida celui d'Amiens, Chrétien-François de Lamoignon, conseiller au Parlement de Paris, celui de Laon, etc. Ainsi les initiatives municipales avaient suscité une réaction de l'État qui prit à son compte les décisions locales et contribua ainsi à l'éradication de la peste en France.

LA PROPHYLAXIE

Très tôt, avant même de s'organiser méthodiquement contre le mal, les cités adoptèrent des mesures d'hygiène et de prophylaxie pour se préserver contre « la contagion » que l'on disait être ici ou là. Dès la fin du XVe siècle, les villes prirent l'habitude de se fermer aux citoyens, voyageurs et marchandises venant de lieux considérés comme contaminés. Elles entreprirent des enquêtes discrètes mais sûres pour s'informer de la véracité des rumeurs circulant à ce propos ; elles se transmirent l'information. Ainsi, au début du XVIIe siècle, Grenoble prévint Chambéry que la peste était en Languedoc, Lyon signala à Reims que le mal régnait en Normandie et dans le Bassin Parisien. Rapidement, on en vint à rendre obligatoires des passeports de santé, appelés bulletins, bullettes ou billets, indiquant l'état sanitaire des lieux traversés ou dont étaient originaires les gens de passage et les marchands. A la fin du XVIe siècle, Verdun affichait haut et clair sur ses portes que le franchissement de ses murs était interdit à quiconque viendrait « de ville soupçonnée de contagion » ; Dijon n'hésitait pas à « arquebuser sans autre forme de procès » ce même genre de suspect. Au milieu du XVe siècle, Brignoles prit la décision de ne laisser qu'une de ses entrées ouverte pour rendre plus facile le contrôle des certificats sanitaires. Au siècle suivant, certaines municipalités firent appel à l'armée soit pour garder les portes, soit pour surveiller les rues en temps de peste. Plus généralement, pour ces services, elles eurent recours aux milices bourgeoises composées de volontaires capables de s'équiper militairement. D'autres fois, comme à Lyon en 1628, le conseil de ville ordonna que « tous les habitants sans exception aillent en garde ou envoient leurs domestiques tant de jour que de nuit » ; les chefs de quartier lyonnais appelés penons avaient la responsabilité de la stricte exécution de cet ordre ; en outre, un corps spécial d'hommes armés fut institué pour protéger les médecins et chirurgiens dans l'accomplissement de leurs fonctions ; portant une carabine, ils furent dénommés carabins, nom à l'origine de l'actuel surnom donné aux étudiants en médecine et en chirurgie. En 1546 la publication de l'ouvrage du praticien italien Fracastor intitulé « De la contagion et des maladies contagieuses » généralisa la théorie contagioniste et rendit plus prudentes encore toutes les cités d'Europe qui multiplièrent les lazarets, bâtiments destinés à isoler les personnes et les marchandises suspectes pendant quarante jours, laps de temps correspondant à la retraite du Christ dans le désert. Petit à petit, ce temps de réclusion fixé d'abord a priori fut ensuite réduit à deux semaines. C'est à ces précautions que de nombreuses villes durent leur salut. Par ailleurs, le courrier était passé dans une sorte de gaufrier dont les pointes perçaient le papier maintenu au-dessus d'un feu : la fumée était censée faire disparaître le germe pestilentiel. Toute monnaie suspecte était purifiée dans le vinaigre. Ces mesures de prophylaxie vis-à-vis de l'extérieur se doublèrent de règles d'hygiène urbaine. Ainsi la peste apporta une contribution essentielle aux progrès de la salubrité publique. On alla jusqu'à nettoyer plus systématiquement les puits et les fontaines, à paver les rues, à curer les fosses près des hôpitaux et des remparts, à ensevelir hors les murs et plus profondément.

DÉNONCIATIONS, SÉQUESTRATIONS

Une fois la peste déclarée, l'intransigeance municipale devenait plus grande encore, le premier devoir de chacun étant de dénoncer le ou les malades en application, par exemple, de l'ordre lyonnais de 1582 : « Les médecins, apothicaires, chirurgiens, barbiers seront tenus de déclarer ceux qu'ils auront trouvé être atteints ou suspects de maladie contagieuse sous peine d'être déchus de tout droit

Il néſt rien plus certain que la mort,
Ne rien plus incertain que lheure ;
Comme la vie nous ſuit
Comme la mort nous pourſuit .
la mort néspargne rien .
Il vaut mieux estre poltron et viure vn peu plus long temps.
Plus de mors moins dEnnemis.
Il y a adresse et remede par tout fors qua la mort
Contre la mort il ny a point dappel.
Ce sera la derniere maison
meurt en buuant.
Il y a remede a tout fors qua la mort .

de bourgeoisie, d'interdiction de leur charge et état. Les parents, amis et voisins des malades seront tenus en faire également déclaration et rapport à peine d'être punis. A ceux qui déclareront les maisons et personnes suspectes, leur sera donné promptement par les députés de la santé, pour chaque fois, la somme de trois écus et un tiers. Au contraire, les recélateurs seront bannis de la ville à perpétuité et leurs biens confisqués. » Dans le doute, il valait mieux dénoncer que se taire ! Certes, des excès ne manquèrent pas d'être commis mais prudence obligeait ! Le sort du malade et de sa famille variait selon l'intensité de l'épidémie et des moyens de la commune. Dès les prodromes du mal, on séquestrait les occupants d'une maison où la peste était apparue ; les personnes demeurées valides restaient en contact avec l'extérieur qui les ravitaillait. On alla jusqu'à murer et brûler les demeures particulièrement atteintes. Souvent des quartiers entiers furent barricadés, surveillés et même parfois incendiés. On imagine l'enfer que représentait cette situation pour les plus résistants au mal ; ils eurent à vivre des heures d'angoisse et d'horreur avant d'être contaminés, ce qui, dans de telles conditions, était inévitable. En outre, il arriva fréquemment que, dans l'affolement général, des vivants fussent emportés avec les morts dans les chariots funéraires. Un Agenais écrivait au XVIIe siècle : « Nous en avons vu parmi les morts cousus dans des linceuls qui donnaient des signes évidents de vie en étendant les bras. Aussi est-il à présumer que plusieurs ont été enterrés tous vifs dans les jardins qui n'avaient qu'une petite fièvre. Et même pour ne pas perdre l'occasion du chariot qui passait on y jetait les malades avant qu'ils fussent morts ou pendant qu'ils étaient en quelque pamoison ordinaire en cette maladie. » Dans le même temps, un personnel spécialisé, annoncé par une clochette particulièrement retentissante dans une ville muette de peur, recueillait les pestiférés pour les isoler, quelquefois contre le gré de leurs familles, lesquelles étaient également forcées de faire quarantaine, souvent hors les murs dans l'inconfort le plus total. De plus, les réjouissances, les réunions publiques diverses et les offices religieux étaient interdits. Pendant la peste parisienne de 1519, par exemple, le Mystère de Notre-Seigneur qui se déroulait au cimetière Saint-Jean ne put avoir lieu de même qu'en 1545 la fête luthérienne célébrée à Amiens ne put se dérouler car « les bals publics et autres jeux échauffant le sang » favorisaient la contamination. On ne fêta plus les naissances, les mariages, les vendanges, la moisson, les Rois, Mardi-Gras, la Saint-Jean. Le festin de la Pentecôte traditionnellement offert par la municipalité agenaise fut supprimé en 1542 à cause de la peste. L'angoisse, la souffrance, l'horreur et la mort régnaient en maîtres en temps de contagion, ayant évincé les chants, les danses, les rires et la joie.

RÈGLEMENTS DE PESTE

La vie en temps d'épidémie apparaît clairement à travers les règlements qui s'établirent peu à peu dans toute la France à partir du premier tiers du XVe siècle et ne cessèrent de se perfectionner au cours des XVIe et XVIIe siècles pendant lesquels les mesures ponctuelles prises localement furent rassemblées, constituant d'impressionnants arrêts des différents Parlements. Ces hautes cours de justice les imposèrent aux régions de leur ressort et peu à peu, elles dictèrent à leurs administrés les conduites à tenir avant, pendant et après la maladie. Ainsi par le biais de la peste, l'administration française trouva un moyen d'unifier le pays dans un effort convergent de lutte contre cet ennemi commun. Le problème déborda du cadre étroit des villes et de leurs terroirs ; on lui trouva des solutions à échelle du royaume.

Ces règlements sont autant de « plans ORSEC » comportant, chacun, plus d'une centaine de rubriques affichées, lues publiquement et commentées aux prônes dominicaux. Ils abordent aussi bien des questions financières que policières et médicales. Ils supposeraient de nos jours une collaboration étroite entre plusieurs ministères : de l'intérieur, de la santé, des finances, de l'équipement, de l'urbanisme et même de l'agriculture puisque les villes avaient à constituer des stocks alimentaires en prévision des blocus sanitaires.

L'arrêt du Parlement d'Aix-en-Provence adopté le 17 juillet 1629 est particulièrement intéressant car il correspond aux ultimes mesures prises avant que l'épidémie ne reparaisse dans cette région particulièrement vulnérable en raison de son active ouverture marseillaise sur la Méditerranée. Cet ensemble de lois rigoureuses et précises représente comme l'aboutissement d'une longue, méticuleuse et méthodique recherche, il révèle la connaissance qu'avaient les hommes d'alors sur les terrains de prédilection des Yersinioses : les tissus, la laine, les cuirs, le papier. Il est curieux cependant de constater qu'il n'est fait nulle part allusion aux puces et aux rats.

Le premier conseil donné par les magistrats est de prier Dieu, à genoux, « au son de cloche à sept heures du matin, midi et quatre heures ». La foi demeurait vive et il était sous-entendu que tous les agissements des hommes restaient vains sans l'aide ou la bonne volonté divine. Les articles suivants imposent les fameux billets de santé, donnés par « des gens de probité », contrôlés et contresignés par les gardes aux portes des villes et des villages. Hôteliers, cabaretiers, propriétaires terriens laïcs ou ecclésiastiques sont tenus de refouler toute personne étrangère dépourvue de ce certificat sanitaire ; en temps de peste ou de menace épidémique, il est interdit aux ordres religieux de recevoir de nouvelles recrues. Les passeports de santé constituaient à eux seuls un véritable barrage à l'extension du mal car les porteurs de faux billets étaient punis de mort.

Dans le même temps, un cordon sanitaire implacable oblige toutes les communes, petites ou grandes, à se fermer le plus hermétiquement possible à l'annonce de l'arrivée du mal. Les « passages sur eau » sont aussi sévèrement surveillés. Les « gens sans aveu, les gueux valides » étrangers sont expulsés ; on barricade « les cabarets le long des chemins, les églises hors les murs » et tout bâtiment inhabité afin que nul ne puisse s'y installer. Chaque habitant doit déverser trois ou quatre seaux d'eau devant sa porte, tous les matins ; les eaux croupissantes, les immondices et autres saletés sont à dégager continuellement ; les vendeurs d'eau-de-vie ne peuvent servir dans un même verre plusieurs clients « à peine de fouet ou de galère » ; les bouchers, tripiers et poissonniers ont l'obligation de ne vendre que des animaux tués dans d'excellentes conditions sous peine d'amende ; les bergers qui conduisent le bétail sont soumis à une quarantaine, leurs animaux sont lavés par trois fois ! Les boucheries, poissonneries, boulangeries sont affectées à tel ou tel secteur de la ville divisée en quartiers spécifiques en temps de peste pour répartir les habitants le plus également possible. Expresse défense est faite de jeter les entrailles des animaux dans la rue ou tout autre déchet, de vendre ou de toucher des « hardes ou des paquets » suspects, de ramasser des cadavres, d'accompagner des étrangers. Les magistrats ont à constituer des réserves alimentaires, à vérifier le contenu des apothicaireries, à « remettre les infirmeries en état », à construire trois types de cabanes d'isolement : les unes pour les convalescents, les autres pour les suspects, les dernières pour les personnels administratifs et médicaux. Ils ont aussi à nommer les membres du bureau sanitaire, chargés de faire un rapport quotidien, les médecins et chirurgiens de la peste, assignés au service des futurs pestiférés désignés par l'euphémisme de blessés.

Treize articles traitent ensuite de la surveillance de la main-d'œuvre pendant les moissons, les vendanges et la cueillette des olives. Puis, viennent des recommandations : « ceux qui conduisent les suspects les devancent de trente pas ». La ville est désormais prête à affronter le monstre que le corps médical a reconnu être en son sein. Le mécanisme du blocus sanitaire se met en branle : le Parlement informé interdit l'entrée du lieu maudit et envoie un homme, porteur d'un bâton blanc, prévenir tout le terroir. Dans la place infectée les magistrats municipaux, instamment priés de rester, entreprennent une enquête pour trouver le ou les responsables de l'introduction du mal en ville. Les habitants sont appelés à s'isoler y compris « sur des barques » si on est au bord de l'eau. Les maisons des malades ont « leurs portes et fenêtres bouchées à chaux et sable jusqu'à ce qu'il soit procédé à la purification d'icelles ». La municipalité réquisitionne les stocks des commerçants, fait tuer tous les animaux domestiques ; les mendiants natifs du lieu sont mis à l'écart de même que « les putains placées dans une tour ou en une maison hors de la ville, laquelle sera fermée à chaux et à sable, avec une seule ouverture pour leur donner du pain et de l'eau » ! Les fous atteints de peste sont également enfermés dans une chambre de l'infirmerie « avec les fers aux pieds », on craignait en effet la diffusion du mal par des hommes inconscients de leur état ou délirant sous les effets de la fièvre.

Tous les matins, dans les rues, les intendants de santé interpellent les habitants qui apparaissent aux fenêtres ; les absences enregistrées incitent les médecins ou les chirurgiens à aller visiter les malades « leur faisant tourner la tête, en sorte que la respiration ne puisse arriver au visitant, se faisant aussi découvrir à nu les aines, les aisselles et le cou, derrière les oreilles, pour reconnaître s'il y a tumeur, darte, rougeur et douleur et faire encore marcher le malade, s'il va chancelant ou non, remarquer soigneusement sa face et son maintien pour assurer un solide jugement sans s'arrêter aux réponses du malade ». S'il s'agit de décès, les cadavres sont mis en bière « afin qu'ils ne portent infection, et enterrés de nuit avec une clochette et une torche allumée au devant et les enterrements faits en lieux éloignés de 200 pas et en des fossés au moins de 5 ou 6 pans [1] ».

En ville, le matin avant le lever du soleil et le soir après son coucher, des feux de « lauriers, thym, romarin, genièvre et autres herbes de bonne odeur, ou de sarment

1. Pan est l'abréviation de l'empan, mesurant 24 centimètres.

de vigne et autres bois » brûlent dans les rues arrosées de vin et d'eau ; le canon « est tiré sans boulet » ; les prêtres sonnent les cloches, matin, midi et soir ; s'ils officient, il faut que ce soit sur de grands espaces extérieurs. Les citadins sont autorisés à sortir pour s'approvisionner, quartier par quartier, à des heures précises ponctuées de sonneries, cela afin d'éviter toute affluence ; ceux qui ne se soumettent pas à ces horaires sont chassés de la ville. Il est conseillé à chacun de s'habiller de « camelot » ou de toile, de changer de vêtements chaque jour et « d'exposer au feu ceux qu'ils quitteront ». D'autre part, « les paysans et autres de basse qualité (!) avaleront tous les matins une côte d'ail nette de peau et ceux qui en auront le moyen prendront le gros d'un poix de bonne thériaque vieille ou mangeront de la rue ou un couple de noix rôties et trempées dans l'eau-de-vie ou une bouchée de bon vin ou de Malvoisie ». Les enfants doivent « avaler tous les matins à jeun un petit demi-verre de leurs urines (sic) ou de la semence de citron pilée et détrempée avec de l'eau scabieuse ou de la poudre d'écorce d'orange avec un peu de vin légèrement trempé et se tiendront tous lesdits habitants le plus modestement, sobrement et nettement qu'il se pourra, sans excès ni mouvement violent et déréglé et se garderont du froid et de la faim ». A ces conseils s'ajoutait celui de tenir sur la bouche et le nez un mouchoir ou une éponge imprégnée de vinaigre. Ces nombreuses précautions portèrent leurs fruits car, après la violente crise épidémique des années 1630, la peste fut moribonde dans le pays également, grâce à certaines des thérapeutiques employées.

Les thérapeutiques

LES HOPITAUX

Très tôt, il apparut impératif d'isoler les malades dans les hôpitaux spécialisés, hors les murs si possible. On les construisit au bord des rivières pour matérialiser davantage cette mise à l'écart ; d'autre part, l'eau était indispensable aux besoins hospitaliers, elle rendait aussi les transports des malades plus discrets et plus faciles. A Lyon, l'hôpital des contagieux Saint-Laurent des Vignes était situé au niveau du confluent Rhône-Saône, à la sortie sud-ouest de la ville ; il était dû à la générosité de plusieurs personnes : le prieur de Saint-Irénée, le chapitre de Saint-Jean, diverses confréries qui en firent don à la municipalité dans le dernier tiers du XVe siècle. Au début du siècle suivant, un riche bourgeois d'origine italienne le fit agrandir et lui donna provisoirement son nom : Thomas de Gadagne. Dès la fin du XVe siècle, de nombreuses villes s'équipèrent de maladreries, dans des conditions similaires. D'autres transformèrent leurs lépro-

series en hôpitaux « pour les infects » car la lèpre était en continuelle régression depuis le Moyen Age. En 1526, Marseille établit un lazaret dans l'île de Pomègue pour surveiller les équipages et les marchandises avant de les faire entrer dans son port.

Ces établissements où les malades couchaient quatre par lit laissèrent souvent beaucoup à désirer, ainsi à Paris lors de la peste de 1580, sur proposition du lieutenant Séguier, la municipalité acheta un terrain à Grenelle « pour retirer, panser et médicamenter » les pestiférés qui « y étaient

abandonnés sous des tentes, écrivait Monsieur de Villequier, gouverneur de la capitale, comme une véritable armée d'assiégeants repoussés aux portes de la ville par des archers, tentes d'où s'élevait parfois la nuit de la lueur d'un incendie allumé par quelque malade dans un accès de folie et d'où l'on entendait de loin le râle des moribonds » ; c'est pourquoi, lors de l'épidémie suivante, l'Hôtel-Dieu loua une maison au faubourg Saint-Marcel, rue des Vignes ; enfin en 1607, Henri IV créa l'Hôpital Saint-Louis pour les malades de « la contagion » sur la butte de Montfaucon à une bonne distance de la capitale. Bordeaux eut trois hôpitaux de peste : celui de Lîmes, celui de l'Enquêteur du nom de l'officier qui le dirigeait et celui d'Arnaud Guiraud établi sur un vaste terrain couvert par les cabanes d'isolement. Au nord-ouest de Nancy l'hôpital de Maréville à Laxon fut fondé en 1597 par une riche veuve sans enfants qui obtint du duc de Lorraine le don des bois qui l'entouraient pour y établir des loges de quarantaine. En Lorraine, Franche-Comté, Champagne, Normandie et Bretagne, ce terme désignait les baraquements réservés aux suspects ou aux convalescents ; dans le sud de la France on les appela « chabotes », dans le nord « hobettes », en Bourgogne « cadoles », etc. Ce ne sont là que quelques exemples car pendant tout l'Ancien Régime la peste obligea la France à se doter d'hôpitaux spécialisés ; c'est donc à elle que l'on doit une partie de notre patrimoine hospitalier.

Dans ces hôpitaux de peste, un personnel nombreux s'affairait en temps de contagion.

LES PERSONNELS

Trois corps de spécialistes participèrent au traitement des malades : les médecins, les chirurgiens, les apothicaires. Tout un personnel paramédical gravitait autour d'eux : garçons-chirurgiens, aides-apothicaires, infirmiers, blanchisseuses, cuisiniers, fossoyeurs, etc.

A la tête de la pyramide soignante se trouvaient les médecins dont les études en latin avaient duré quatre ans, chaque année étant sanctionnée par une épreuve. Ils portaient de longues robes durant l'exercice de leurs

Monsieur Diafoirus... Mais ce qu'il y a de fâcheux auprès des grands, c'est que, quand ils viennent à être malades, ils veulent absolument que leurs médecins les guérissent.

Béralde... Votre Monsieur Purgon... c'est un homme tout médecin, depuis la tête jusqu'aux pieds ; ... un homme... qui ne voit rien d'obscur dans la médecine, rien de douteux, rien de difficile, et qui, avec une impétuosité de prévention, une raideur de confiance, une brutalité de sens commun et de raison, donne au travers des purgations et des saignées... c'est de la meilleure foi du monde qu'il vous expédiera, et il ne fera, en vous tuant, que ce qu'il fait à sa femme et à ses enfants, et ce qu'en un besoin il ferait à lui-même.

...

Béralde... avec une robe et un bonnet, tout galimatias devient savant, et toute sottise devient raison.

Toinette... Tenez, Monsieur, quand il n'y aurait que votre barbe, c'est déjà beaucoup, et la barbe fait plus de la moitié d'un médecin.

Molière,
Le malade imaginaire, 1673.

fonctions et constituaient une corporation très jalouse de son savoir, de son importance et de sa puissance. Souvent, beaucoup d'entre eux fuyaient à la première manifestation de l'épidémie mais la ténacité sévère des municipalités les força à rester. C'est d'ailleurs à eux en premier lieu que les conseils de ville s'adressaient lors d'une menace épidémique ; de leur verdict dépendait le déclenchement des plans de défense ; leur moindre hésitation ou erreur était fatale à tous. On leur demanda aussi de rédiger des « traités de peste » pour faire avancer la recherche médicale. Par un de ces écrits, Manget aida à répandre l'habitude de porter le fameux costume protecteur imaginé dans les termes suivants par Charles de Lorme, premier médecin de Louis XIII : « le nez, long d'un demi-pied (seize centimètres) en forme de bec, rempli de parfums et oint intérieurement de matières balsaniques, n'a véritablement que deux trous, un de chaque côté à l'endroit des ouvertures du nez naturel ; mais cela peut suffire pour la respiration et pour porter avec l'air qu'on respire l'impression des drogues renfermées plus avant le bec. Sous le manteau, on porte ordinairement des bottines à peu près à la polonaise, faites de maroquin (cuir de bouc ou de chèvre) du Levant, des culottes de peau unie qui s'attachent aux dites bottines et une chemisette de peau unie, dont on renferme le bas dans les culottes, le chapeau et les gants sont aussi de même peau ». Cet équipement complété « de bésicles sur les yeux » protégeait doublement : le cuir, porté des pieds à la tête, constituait une armure efficace contre les puces qui fuyaient l'odeur du bouc ; le masque formait un filtre contre la peste pneumonique. Néanmoins, on imagine aisément l'épouvante qu'inspiraient de semblables spectres déambulant

dans les rues, « chacun d'entre eux ayant en leur main une houssine [1] de la longueur d'une aune (= 1,182 m), pour qu'on s'éloigne d'eux qui approchaient les pestiférés ». Un autre médecin, Jean de Lampérière, décrit un autre type de vêtement. « J'ai vu pratiquer et avec raison à l'Hôtel-Dieu de Paris une certaine sorte d'habit, comme une chemise ou tunique froncée, trempée dans certaines liqueurs préservatives composées d'huile de camphre, de millepertuis, de suc de gentiane et d'eau-de-vie. On tenait

1. Houssine : baguette flexible souvent réalisée avec du houx.

ce mélange sur des cendres chaudes, en évitant l'ébullition et en y ajoutant des poudres d'angélique, d'iris, de rue, de l'huile muscateline et on le jetait sur la toile vestimentaire, trempée encore dans l'huile d'amandes douces. » On obtenait ainsi une toile cirée, imprégnée d'huile : on avait remarqué en effet que les porteurs d'huile ne contractaient pas la peste. On sait maintenant que les puces fuient toutes les odeurs fortes. Aussi cet habit de treillis, toile grossière rendue luisante par de la résine ou de l'huile, fut-il universellement porté ainsi que « le camelot [1], la serge d'Arras, le taffetas noir ».

Les lieux malades de la peste offraient donc le spectacle hallucinant de lugubres extra-terrestres allant ici et là, interpellant des hommes en sursis de vie, s'engouffrant dans des maisons aveugles tandis que les sinistres chariots de la mort avançaient dans leur sillage. On comprend mieux la réaction populaire qui consista à jeter des pierres sur ces ombres noires qu'étaient « les médecins, chirurgiens et barbiers élus pour panser les malades, pour les tuer comme chiens enragés, disant qu'il fallait qu'ils allassent de nuit, de peur d'infecter les sains ». Plus ordinairement, les médecins mouraient dans l'accomplissement de leurs fonctions et les villes durent toujours faire appel à des volontaires venus de l'extérieur. Ainsi en 1628, Lyon employa Henri de Rochas, médecin de la princesse de Conti, après qu'il eût abjuré le calvinisme ; de plus, ce praticien inventa un parfum particulièrement efficace. Dès le milieu du XVe siècle, beaucoup de cités, comme Angers par exemple, se dotèrent d'un médecin de peste de façon permanente.

1. Camelot : étoffe de poil ou de laine, mêlé quelquefois de soie.

Après le médecin dont le diagnostic et l'ordonnance étaient nécessaires, venait le chirurgien, homme indispensable en temps de contagion ; bien souvent d'ailleurs, les villes s'attribuèrent des chirurgiens plutôt que des médecins, moins nombreux et dont les services coûtaient plus cher. En outre, un seul médecin suffisait pour dépister le mal en ses débuts et ordonner un traitement, alors que les chirurgiens, hommes de terrain, n'étaient jamais assez nombreux pour opérer ou cautériser bubons et charbons. Très exposés, ils prirent l'habitude d'utiliser des pinces et des baguettes munies de longs manches pour pratiquer leurs opérations à quelque distance des malades. Lorsque la peste sévissait, les municipalités eurent un tel besoin d'eux ou des barbiers considérés comme leurs homologues, qu'elles les récompensèrent généreusement. Médecins, chirurgiens, apothicaires se groupaient en « métiers jurés » dont les membres étaient liés par serment pour assurer, avec les orfèvres et les serruriers, la sécurité des corps et des cassettes. La profession d'apothicaire fut étroitement surveillée dès le XIVe siècle avant même d'être érigée en corporation par le roi Charles VIII en 1484 ; depuis 1322 en effet, les officines étaient théoriquement inspectées deux fois par an, chaque pot portant la date précise de sa fabrication. La phytothérapie constituait un des éléments essentiels des traitements médicaux et chirurgicaux. En période de contagion, l'apothicaire multipliait son personnel, depuis celui qui avait pour mission de cueillir les plantes dans les champs, forêts ou montagnes avoisinants, jusqu'aux aides qui les pesaient, les broyaient, les mélangeaient au gré des ordonnances médicales. Une bonne partie de ces garçons apothicaires obtinrent, comme les garçons-chirurgiens et les barbiers, la récompense

suprême qu'était la maîtrise es apothicairerie ou es chirurgie, leur donnant droit d'ouvrir une boutique pour exercer librement leur art.

Dans la hiérarchie des hommes indispensables en temps d'épidémie, venaient ensuite les fossoyeurs, qui participèrent grandement à la salubrité publique. Ils passaient deux fois par jour, à l'aube et au crépuscule, pour ramasser à l'aide de longues pinces, crocs, crochets ou de brancards, les cadavres amoncelés dans les rues, devant les portes ou sous les fenêtres d'où on les avait précipités. Le tintement aigrelet de leurs clochettes et le bruit lourd de leurs charrettes tirées par des chevaux rompaient seuls, avec les cloches des églises, le silence glacé qui régnait dans les villes. Plus d'un frisson de panique s'empara des citadins terrés au fond de leurs demeures au seul écho de leur passage. Souvent vêtus comme les médecins et chirurgiens de peste, parfois avec des couleurs plus vives, ils ajoutaient une note insolite à l'atmosphère dantesque générale. Une cité pestiférée devenait étrangement fantastique, irréelle comme issue d'un autre monde : un enfer sur terre ! Pouvait-il exister pire géhenne qu'une ville en temps de contagion ?

Ces porteurs de morts reçurent toutes sortes de noms et principalement celui de « corbeau », qui fut peut-être à l'origine du nom de corbillard, chariot des corbeaux. En Lorraine, on les appela « theugnons », en Bourgogne « mangognets » puis « saccards » comme en Champagne ; en Dauphiné ils furent baptisés « escarrabins », en Savoie « galopins », en Provence « enterreurs » ou « portefaix », en Aquitaine « ensevelisseurs », en Nivernais « mouthoniers », en Normandie « évacueurs ». Ils étaient tous volontaires, attirés par l'argent ou les dégrèvements fiscaux, mais il arriva souvent, au plus fort de l'épidémie, que personne ne se présentât pour remplir ces funestes fonctions. Aussi eut-on recours à une main-d'œuvre forcée de repris de justice ou de galériens ; néanmoins, dans bien des cas, les cadavres pourrirent, abandonnés depuis plusieurs jours au bord des rues, des chemins ou des routes. Les croquemorts, dont le nom pourrait venir des crocs avec lesquels ils ramassaient les morts, enterraient les cadavres la nuit ou les jetaient de jour dans des fosses communes sans cesse remplies de chaux vive.

Les infirmiers et infirmières généralement appelés

hospitaliers, mais aussi « subosts » en Champagne, « margoujats » en Beaujolais, « serviteurs » en Bretagne se recrutaient parmi les plus déshérités, n'ayant rien à perdre si ce n'est la vie ! Ce furent aussi d'anciens pestiférés car on ne souffrait pas deux fois de la peste : on trépassait ou, plus rarement, on survivait, étant immunisé. Des marques distinctives signalaient ce personnel : costume protecteur, baguette, bonnet, bande jaune à Dijon où les femmes garde-malades portèrent le nom « d'hérédesses ». Tout larcin ou toute faute de leur part était puni de mort. Beaucoup de religieux, hommes et femmes, exercèrent ces fonctions qui, en temps ordinaire, leur revenaient.

Tout ce personnel attaché aux pestiférés était mis à l'écart, logé, nourri comme les malades bien que séparé d'eux. Leurs salaires bénéficièrent d'une forte accélération entre les XVe et XVIIe siècles sans doute à cause des dévaluations monétaires et de l'enchérissement de la vie ; ainsi à Nantes un chirurgien de peste gagnait 34 fois plus d'argent au début du XVIIe siècle qu'à la fin du XVe, or les prix n'avaient pas augmenté dans ces proportions, ce qui signifie bien que ces hommes étaient précieux aux municipalités qui les rétribuaient. Au XVIIe siècle, les gages mensuels des médecins et chirurgiens variaient entre 60 et 100 livres soit dix fois plus que ceux des infirmiers. Certains conseils municipaux payèrent les médecins, chirurgiens et fossoyeurs à l'acte, ce qui contribua à les faire considérer comme semeurs de peste. A ces salaires s'ajoutèrent ceux de manouvriers, valets, sergents, gardes, sommeliers, cuisiniers, commis, économes, tous aussi indispensables les uns que les autres à la guérison des malades.

Les thérapeutiques

LES TRAITEMENTS

« Clystérium donare
Postea seignare
Ensuita purgare
Reseignare, repurgare et reclysteriare. »
Molière, « Le malade imaginaire ».

La tempérance physique et morale est la première précaution à observer pour éviter la peste « pourvu qu'on se tienne en tranquillité d'esprit, écrivait un chirurgien poitevin en 1603, sans s'imprimer l'image de ce danger par une crainte et frayeur qui seule peut donner entrée à la fièvre pestilentielle ». Être propre et bien se nourrir est encore une façon de se préserver de la maladie, il faut aussi porter « sur la région du cœur, des sachets ou écussons de taffetas remplis de poudres aromatiques ». La plus fameuse de ces poudres était celle obtenue à partir de la corne de licorne [1], de racine de zédoaire et de bézoards, concrétions trouvées dans les voies intestinales ou urinaires de certains mammifères. Des tuyaux de plume remplis de vif argent, nom donné au mercure, des « pentacules », médailles contenant des pâtes miraculeuses, étaient considérés comme faisant écran à l'infection. Un médecin grenoblois soutenait : « les amulettes pendues au cou avec un ruban ne sont pas à mépriser. L'urine de bouc à flairer n'est pas mauvaise. » Un autre médecin du XVIIe siècle, Joubert, affirmait : « le grenat, l'émeraude, le saphir et le corail se portent enchassés, pendant au cou

1. Corne de licorne : le rhinocéros de l'Inde est à l'origine de la légende de la licorne. La corne de licorne était de l'ivoire râpé.

jusqu'à la région du cœur ; on les tient dans la bouche pour les sucer ou encore on les mêle dans les viandes » ! Le chiffre quatre, croix que tracent les illettrés d'un seul trait sur le papier sans lever la main, était également censé éloigner la peste. Car, malgré des progrès en anatomie dus au fait que les dissections et autopsies étaient autorisées depuis la Renaissance, la médecine balbutiait. La théorie aristotélicienne des quatre éléments : le feu, l'air, l'eau, la terre, sources de vie, demeurait à la base de toute la thérapeutique. Les soins internes consistaient à faire éliminer le poison par le vomissement, la purge, la transpiration et la saignée. Pour dégorger, le malade avalait de « l'huile d'olive ou de noix battue avec de l'eau tiède et quelques gouttes de vinaigre ». Pour « nettoyer la boutique », selon une expression attribuée à Louis XIII, on administrait des clystères à l'aide d'une seringue ainsi décrite par un médecin poitevin : « instrument de bois, avec lequel le patient peut se donner un lavement tout seul. C'est une poche de cuir placée entre deux planches. L'une est percée pour y mettre la canule ». Les liquides utilisés étaient de composition très variée, « décoction de mauves, violettes dans laquelle sera dissous l'électuaire, un peu de sel, de miel violat et d'huile de scorpion ». Le lavement devait avoir lieu quatre heures après un repas car on alimentait copieusement les pestiférés en leur donnant la ration quotidienne suivante : « environ une livre de chair tant bœuf, veau que mouton ; une livre et demie de pain blanc, un pot de vin », mais « si le malade a grande fièvre et ardente, il ne boira aucunement de vin », prescrivait Ambroise Paré. Ce conseil n'était pas suivi car la crainte qu'inspiraient les eaux polluées des rivières, puits et fontaines avait pour conséquence le fait qu'on ne buvait jamais autant de vin qu'en période d'épidémie ! On ne savait pas qu'il fallait faire bouillir l'eau pour la purifier, mais on consommait de nombreuses tisanes à base de laitue, bourrache, buglose, mercuriale, mauve, prunes sèches, figues grasses, jujubes, cerise, séné, tamarin, etc.

Remèdes contre la peste

« Il faut prendre un gros crapaud, le plus gros est le meilleur, et l'attacher par les pieds de derrière avec un filet et le pendre devant un petit feu, mettant sous sa bouche une écuelle ointe de cire et le tenir pendu jusqu'à ce qu'il soit mort. Avant de mourir, il vomit de petits vers et mouches vertes et de terre ; et il faut recevoir cela et incorporer avec de la cire fondue ; et le corps du crapaud, il faut le faire sécher au four, à petit feu, en telle façon qu'il se puisse mettre en poudre, laquelle il faut conjoindre avec ce que le crapaud susdit à vomi ; et en faut faire de tout avec de la cire jaune de petites pastilles qui portées sur le cœur, préservent assurément de la peste et la guérissent. »

Jean Favre, médecin de Louis XIV,
Remèdes curatifs et préservatifs de la peste donnés en public en 1652.

Beaucoup d'entre elles étaient laxatives comme celle-ci : « on mettra infuser sur les cendres chaudes dans chopine d'eau de fontaine, trois ou quatre grammes de séné bien épluché, demi-citron coupé par tranches, deux ou trois pincées de scordium [1], un gramme de sel nitre cristallisé, un peu de coriandre ou de cannelle ou quelque chose de semblable ». Quant à la phlébotomie, on l'utilisait à tout propos : Louis XIII ne fut-il pas saigné 47 fois en un an ! Cependant, au début du XVIIe siècle, certains médecins, peu écoutés, la déconseillèrent en cas de peste.

Les sudorifiques étaient fort nombreux, généralement composés de « poudre de vipère, antimoine diaphorétique [2], safran oriental, camphre, infusion de vulnéraire de Suisse, eaux de scabieuse [3], de charbon bénit », de genièvre, de rue, d'angélique, de sauge, de sureau infusés dans du vin blanc ; le malade était entouré de bouteilles d'eau chaude, couvert abondamment pour que la transpiration élimine les toxines.

En même temps que ce traitement, on donnait au pestiféré des contre-poisons ; l'antidote le plus réputé demeurait la thériaque. Le mot viendrait de triangle, forme de la langue des vipères où les anciens pensaient que le venin se concentrait. La cérémonie de sa composition se déroulait en grande pompe, en place publique, tous les ans ; les maîtres apothicaires pilaient au mortier dans un grand vase d'étain une soixantaine d'ingrédients dont la plupart étaient inefficaces excepté l'opium et le venin de vipère. Des colporteurs la vendaient ensuite dans les

1. Scordium ou scordion : germandrée aquatique.
2. Diaphorétique : médicament provoquant la transpiration.
3. Scabieuse : plante de la famille des dipsacées.

campagnes, la transportant dans des pots de faïence sur lesquels étaient représentées des vipères. Ce reptile semblait avoir des vertus universelles et Madame de Sévigné, elle-même, n'assurait-elle pas que « les bouillons de vipères lui redonnaient force à vue d'œil » ! Un autre remède semble avoir eu beaucoup de succès : le polychreste, à base d'antimoine, « le plomb sacré des moines », selon Jean Cartier (1651), mis au point par le célèbre Théophraste Renaudot. Quant au vinaigre des quatre voleurs, il était connu depuis 1413, date à laquelle quatre assassins furent pendus pour avoir étranglé des pestiférés afin de mieux les voler ; condamnés à être brûlés vifs ils obtinrent un allègement de leur peine en révélant leur préservatif secret, composé de romarin, absinthe, sauge, menthe, girofle, noix muscade, ail, camphre, acide acétique, vinaigre blanc ; le tout macérait dix jours dans le vinaigre avant d'être filtré. Certaines de ces plantes étaient d'origine exotique, il convenait donc d'en posséder une grande quantité en réserve.

Des opérations externes accompagnaient ce traitement interne. Les chirurgiens s'appliquaient d'abord à faire mûrir bubons et charbons par des cataplasmes, ventouses, frictions. Sur les abcès, certains médecins posaient des sacs de sable chaud, d'autres des limaces, d'autre encore « un pigeon tout vif, fendu en deux » jusqu'à ce qu'il devienne « puant et noir puis le rechanger » ou bien « ils appliquaient sur la bosse et le charbon non incisés, le cul plumé d'un jeune coq vif qui n'ait monté sur la poule, lui frottant ledit cul de fiel broyé » ! On ouvrait ensuite les diverses tumeurs selon les prescriptions suivantes : « bien couper avec la pointe d'un couteau ou d'un canif le bubon, le charbon en croix et jeter dedans avec une aiguille ou poinçon, une goutte d'huile bouillante ; mettre par-dessus un jaune d'œuf, sel et huile mêlés ensemble » ! (A. Paré). On appliquait ensuite une pommade antiseptique à base d'acétate de cuivre et de mercure.

Après les soins, la guérison ou la mort des pestiférés, on procédait à la désinfection couramment appelée parfumage car faire disparaître l'odeur du malade était chasser la maladie.

Eau de transpiration

« Prenez une bonne eau-de-vie, une livre ; cannelle fine, deux onces et demie ; eau de rose, une demi-livre ; sucre fin quatre onces. Vous mettez l'eau-de-vie et la cannelle dans une outre et les remuez tous les jours, trois jours durant ; au quatrième jour, prenez en une cuillerée tous les matins ; si vous désirez la rendre plus vigoureuse et singulière, au lieu de deux onces et demie de cannelle qui font vingt dragmes, mettez-y de l'angélique, zedoar, tormentille et santal citrin, de chacun une dragme ; ambre gris, une demi-dragme ; cannelle fine, une once deux dragmes ».

Paracelse.

Eau de purge

« Faire une décoction d'un coq ou d'un chapon, ou de chair de veau, additionnée d'une livre trois onces d'huile violat *(extrait de violette)* ; deux onces de miel rosat *(extrait de roses rouges)* ; deux œufs, un peu de sel. »

G. D'Andernach, *Instructions,* 1547.

LA DÉSINFECTION

L'assainissement des lieux où s'étaient tenus des pestiférés ainsi que la purification de tout ce qui les entourait fut une préoccupation majeure au point que, par exemple, 34 des 127 articles de l'arrêt du Parlement d'Aix-en-Provence, décidé le 17 juillet 1629, s'en préoccupent. Les parfumeurs, surveillés comme les porteurs de morts, entrent dans les maisons, vêtus de treillis noir, un mouchoir trempé dans du vinaigre sur la bouche et le nez, mâchant de la racine d'angélique, de l'écorce de citron ou du clou de girofle, tenant « un petit fagot de plantes odoriférantes, allumé autour d'un bâton tant pour purifier l'air avant eux que pour se voir conduire ». Avant de partir de chez eux, ils ont mangé de l'ail, des oignons, des figues, des noix ; ils ont bu du vin, avalé des pilules de thériaque ; matin et soir, une demi-heure avant leur départ ou après avoir touché du mobilier de pestiféré, ils se sont lavés le visage, les narines, le cou, les aisselles, le pouls, les cuisses avec du vinaigre contenant de la thériaque. Ces hommes, logés et nourris comme le personnel soignant, reçurent quantités de surnoms : « nettoyeurs de peste, officiers de purge, désaireurs ou désaéreurs, purgeurs, marrons, marqueurs, bosserands, éventeurs, etc. ». Au début de l'épidémie, ils vidaient les maisons des pestiférés et brûlaient tout ce qu'elles contenaient. Puis, lors du déclin de la maladie, ils se contentaient de faire un feu dans la chambre du malade : sur une botte de foin de deux kilos, ils répandaient 750 grammes de parfums ; vêtements, linges, vaisselle posés à terre, placards grands ouverts s'imprégnaient de la fumigation, toutes les issues étant closes. Pendant les deux jours suivants, la chambre était balayée, couverte de chaux sur laquelle on jetait du vinaigre « ardent », aérée, puis on laissait se consumer des plantes odoriférantes dans la cheminée ou dans des vases à parfum ; les murs étaient blanchis à la chaux et la pièce restait ensuite fermée pendant 40 jours. Dans les jardins, les caves, les cimetières, les parfumeurs déversaient de la chaux vive pour détruire les cadavres et dressaient des petits tas de pierre à l'emplacement où les corps se trouvaient. Des feux de romarin, thym, lavande, aspic, marjolaine sèche, menthe mêlés à des bois de chêne, d'orme, de pin, des sarments de vigne, flambaient à tous les carrefours. A l'hôpital, le linge trempait trois jours dans de grandes chaudières pleines de lessive et de vinaigre bouillant puis il était séché, battu, aéré au grand vent ; les salles devaient avoir leurs pavés « tapissés de fleurs d'orangers, citronniers, roses, violettes, fleurs de romarin » ; le lit du malade était entouré de draps « trempés dans l'eau de rose et de vinaigre rosat ». Ces recommandations paraissent idylliques certes, mais elles témoignent du désir d'éliminer les mauvaises odeurs considérées comme porteuses de germes morbides. Partout, on retournait les grains dans les greniers, le vin dans les caves, des feux de paille assainissaient l'air. A la fin de la crise, les textiles, livres, cuirs, cordes, paquets et autres jonchaient les rues pour y être aérés, secoués pendant plusieurs jours ; les objets de métal, de bois, de pierre étaient passés au vinaigre, le bétail était étrillé, baigné trois jours de suite. Les convalescents, lavés et changés de la tête aux pieds, se rendaient en quarantaine comme tout le personnel une fois son travail achevé. Le mal dompté, il fallait s'assurer qu'il ne récidivât pas, aussi isolait-on les suspects séparément des convalescents ; des sergents

surveillaient les uns et les autres, faisant un appel quotidien. Son temps d'observation terminé, l'ancien malade ou le suspect pouvait rentrer chez lui. Parallèlement, le courrier et les marchandises étaient éventées pendant 40 jours. On imagine le nombre de personnes nécessaires à une telle entreprise ainsi que le poids et le volume des produits indispensables aux soins divers sans oublier leur coût respectif ! En août 1630, Lyon ne livra pas moins de 350 kilos de soufre, salpètre, alun, encens, benjoin, storax, myrrhe, anis, girofle, camphre, safran, vitriol, arsenic, résine, ambre, baies de laurier « pour la purification d'Embrun, Saint-Clément, Guillestre ». Pour obtenir un quintal de parfum on avait besoin « de 15 livres de soufre, autant de poudre à canon, de 7,5 livres de poix de résine et autant de poix noire, d'une demi-livre d'arsenic blanc et autant d'orpiment [1], de cinabre, d'antimoine, de genièvre, de lierre, etc. ». On désinfectait aussi les individus en les enfermant dans des pièces, au risque parfois de suffocation !

Ces mesures prophylactiques et thérapeutiques éloignèrent la peste du territoire pendant un demi-siècle mais, pour la plupart des contemporains, cet effet était dû aussi et surtout à la dévotion accrue de chacun envers Dieu, la Vierge et les Saints.

1. Orpiment : sulfure jaune d'arsenic.

Les soins spirituels

Prière à saint Roch

Accablés de malheurs, entourés de la peste
Grand saint Roch nous ne craignons rien,
Et rien ne nous sera funeste
Si vous êtes notre soutien.
Secourez ce peuple chrétien,
Et venez apaiser la colère céleste,
Mais n'amenez pas votre chien,
Nous n'avons pas de pain de reste.

Chevalier Romieu, 1720.

En ces temps où les approches diverses de la foi divisèrent les hommes, la peste, au contraire, les rassembla dans une même ferveur. Chapelles votives, prières expiatoires, ex-votos multiples, processions de reconnaissance formèrent autant de souverains recours à la peur, à la douleur, au deuil.

LES SAINTS INVOQUÉS

A la dévotion ancienne à Marie et à saint Sébastien, patron traditionnel de la peste, s'ajoutèrent des cultes nouveaux. Le plus répandu fut celui de saint Roch dont la fête le 16 août est, de nos jours encore, l'occasion de réjouissance dans certaines campagnes françaises. Il y a trente ans, une centaine de localités, surtout concentrées dans le centre-ouest, honoraient ce protecteur des hommes et des bêtes ; en 1976, année de sécheresse exceptionnelle, le 16 août, la statue du saint fut plongée dans la Creuse par les habitants de Moutier d'Ahun afin d'obtenir la pluie.

Roch naquit au XIVe siècle dans une puissante famille montpelliéraine. A l'appel de Clément VI, il partit en pèlerinage à Rome et à son retour contracta la peste, ce qui l'obligea à s'isoler dans une forêt. La légende veut qu'une source ait jailli près de lui pour l'abreuver et que le chien du seigneur des lieux, Gothard, lui ait apporté chaque jour un pain dérobé à son maître. Roch se guérit, convertit Gothard, qui serait à l'origine du nom donné au massif alpin au creux duquel il se retira. Roch revint à Montpellier où, pris pour un espion, il fut incarcéré et mourut. Peu de temps avant qu'il décède, son oncle le reconnut et, confus de sa méprise, fit élever une église autour de sa dépouille mortelle. La tradition veut aussi que Roch ait sauvé de nombreux pestiférés, avant et après sa mort, c'est pourquoi le Concile de Constance le canonisa en 1414. Dès cette date, naquit une confrérie Saint-Roch à Clermont-l'Hérault ; à Montpellier, les dominicains édifièrent une chapelle en son nom, les jacobins organisèrent une fête à sa gloire. Partie du Languedoc, la piété à son égard se répandit dans toute la chrétienté occidentale au point que le pape Urbain VIII renouvela sa canonisation en 1629.

Les représentations du saint le montrent toujours avec un chien à ses côtés et les attributs du pèlerin : un bourdon pour marcher et se défendre, une gourde à la ceinture, une besace en bandoulière, une grande cape, un large chapeau ; il découvre généralement une cuisse pour laisser apparaître un bubon pesteux.

Un autre thaumaturge de la peste fut saint Nicolas, moine au couvent augustin de Tolentin, en Haute Italie à la fin du XIIIe siècle. Alors qu'il était en danger de mort, la Vierge lui apparut et lui conseilla de manger certains petits pains bénis qui le guérirent. Il fut canonisé au milieu du XVe siècle. A partir du siècle suivant, les Augustins, fondateurs de la superbe église de Brou à Bourg-en-Bresse, célébrèrent régulièrement le 10 septembre une messe en son honneur au cours de laquelle ils bénissaient des petits pains ronds, cuits sans sel ni levure, considérés comme miraculeux et que des milliers de pèlerins venaient chercher. Quelques-unes de ces petites boules de froment sont encore conservées en parfait état de nos jours.

Charles Borromée fut aussi invoqué en temps de peste. Issu de l'influente famille florentine, les Médicis, et devenu archevêque de Milan, il se dévoua si remarquablement à ses concitoyens pendant la peste de 1576, qu'il fut canonisé en 1610 et toujours vénéré depuis, surtout en Italie. En France, en temps de peste, on implora des saints guérisseurs comme saint Antoine, saint Lazare, ainsi que les multiples saints locaux comme sainte Geneviève à Paris, sainte Anne à Apt, saint Méen en Bretagne, saint Wulfran à Rouen, saint Valentin à Jumièges, saint Adrien en Picardie, saint Éloi dans le Nord ; saint Jean-Baptiste et saint Jacques de Compostelle bénéficiaient également d'un immense crédit dû à leur popularité.

Rabelais et la piété

Grandgousier interrogeait les pèlerins de quel pays ils étaient, d'où ils venaient et où ils allaient. Lasdaller pour tous répondit « Seigneur, je suis de Saint-Genou en Berry... Nous venons de Saint-Sébastien près de Nantes... » « Mais (dit Grandgousier) qu'alliez-vous faire à Saint-Sébastien ? » « Nous allions (dit Lasdaller) lui offrir nos vœux contre la peste » – « O (dit Grandgousier) pauvres gens, estimez-vous que la peste vienne de Saint-Sébastien ? » – « Oui, vraiment (répondit Lasdaller) nos prêcheurs nous l'affirment » – « Oui ? (dit Grandgousier) les faux prophètes vous annoncent-ils tels abus ? Blasphèment-ils en cette façon les justes et saints de Dieu qu'ils les font semblables aux diables, qui ne font que mal entre les humains, comme Homère écrit que la peste fut mise à l'armée des Grecs par Apollon... Ainsi prêchait à Sinay un cafard que saint Antoine mettait le feu aux jambes, saint Eutrope faisait les hydropiques, saint Gildas les fous, saint Genou les goutteux. Mais je le punis en tel exemple, quoiqu'il m'appelât hérétique, que depuis ce temps cafard quelconque n'a osé entrer en mes terres, et m'ébahis si votre roi les laisse prêcher par son royaume tels scandales, car plus sont à punir que ceux qui, par art magique ou autre artifice, auraient mis la peste par le pays. La peste ne tue que le corps, mais tels imposteurs empoisonnent les âmes.

– « Et comment, dit le moine, se porte l'abbé Tranche-lion, le bon buveur ? Et les moines quelle chair font-ils ? Le cor Dieu ! ils biscottent vos femmes pendant que vous êtes en pèlerinage. »

– « Hin hen, dit Lasdaller, je n'ai pas peur de la mienne, car qui la verra de jour ne se rompra jamais le col pour l'aller visiter la nuit. »

Gargantua. Chapitre 45.

LES MANIFESTATIONS DE LA PIÉTÉ

L'attitude du clergé face à la peste fut variable. Il arriva que des prêtres et des religieux, terrorisés par l'épidémie, n'administrent pas les sacrements. Ainsi à Poitiers, lors de l'épidémie de 1484, les vicaires de Saint-Hilaire-le-Grand quittèrent la ville en dépit des avantages qu'elle leur proposait. Amiens eut de grandes difficultés à trouver des prêtres pour confesser les pestiférés en 1584 et 1632. A Chalon-sur-Saône, le clergé refusa d'officier au cours des pestes de 1578 et de 1586. Pendant celle de 1628 à Lyon, les consuls menacèrent de ne plus verser de subsides au clergé régulier s'il ne se dévouait pas au service des malades ; les supérieurs de plusieurs ordres trouvèrent des excuses pour ne pas engager leurs religieux dans cette activité dangereuse : ils attendaient l'accord de leurs responsables provinciaux, le vœu d'obéissance ne prévoyait pas de se dévouer aux malades, etc. Devant de telles difficultés, beaucoup de municipalités se dotèrent de « prêtres de la peste » dès le XVIe siècle. En réalité, par tradition, le clergé était, plus que tous les autres corps constitués, apte à se dévouer aux malades. En effet, depuis le Haut Moyen Age jusqu'à la Renaissance au moins, il avait eu le monopole du soin des malades, des infirmes, des pauvres, les hôpitaux étant le plus souvent des fondations pieuses et tenant lieu d'hospices. C'est pourquoi, lors des crises épidémiques, le clergé devait assumer plusieurs fonctions et d'abord celle de diriger les centres de soins. Ainsi les loges de Maréville, près de Nancy, dépendaient entièrement de religieux qui délivraient les attestations suivantes aux convalescents : « Les soussignés, confesseurs exposés pour administrer les saints sacrements et soulager les malades de contagion à l'hôpital de Maréville, certifions à tous qu'il appartient que ... est ici arrivé le ... du mois de ..., qu'il est sorti de l'enclos le ... du mois de ..., a reçu les saints sacrements, et s'est, tout le temps qu'il a été ici, comporté vertueusement et catholiquement. Fait et parfumé à Maréville, le ... » (Extrait du « Règlement des R. P. confesseurs de l'hospital de Maréville »).

Pendant tout l'Ancien Régime, le clergé eut l'exclusivité de l'état civil, aussi était-il indispensable en temps de peste pour l'enregistrement et l'inhumation des morts. Malheureusement, l'immensité de la tâche en ce temps particulier était telle que les prêtres, débordés, ne furent pas en mesure de la remplir. C'est pourquoi, par exemple, le Conseil du roi exprima sa reconnaissance aux sept religieux, hommes et femmes, de l'Hôtel-Dieu de Paris qui s'étaient consacrés à l'ensevelissement des Pestiférés en 1618.

Par ailleurs, bien souvent, les conseils municipaux prièrent le clergé de remplacer les notaires. Cependant, ce à quoi les prêtres et les religieux s'appliquèrent avec le plus de zèle fut le soin spirituel et matériel des pestiférés. Lors de l'épidémie lyonnaise de 1577, Claude de Rubys remarqua : « sœur Marie d'Olyvier, d'origine picarde, qui veillait à Saint-Laurent à l'économie, la nourriture corporelle et spirituelle des pauvres malades, les assistant de jour et de nuit. Elle allait avec les hospitaliers dans les maisons suspectes, fermaient les maisons des pauvres malades qu'elle conduisait par-dessous leurs bras et afin que rien n'y fut dérobé, elle tenait registre de tout ce qui entrait et sortait de l'hôpital ».

A Verdun en 1606 le Père Michel, capucin, se dévoua

au service des pestiférés ; tout le clergé lorrain suivit son exemple en 1623. A la même date à Rouen, les capucins, les frères de la Charité de Paris et les jésuites accomplirent leurs tâches avec une telle ardeur que beaucoup y laissèrent la vie. En 1628 à Lyon, le Père Grillot notait « il ne faut pas oublier le grand et signalé service qu'ont rendu les Pères de la Mort, venus de Rouen et d'Orléans, faisant office de chirurgiens » ; quatre capucins périrent au bout de dix jours à Vaulx-en-Velin où ils avaient été envoyés dès les premières manifestations du mal ; deux recollets, deux minimes, deux jésuites s'offrirent pour procéder à la désinfection et la municipalité donna à chacun d'eux la responsabilité d'une équipe de parfumage ; 30 des 40 religieux dévoués aux malades décédèrent.

De nombreux membres du clergé administraient les sacrements dans les pires conditions, c'est pourquoi l'usage se répandit de donner la communion à l'aide « d'une baguette de 13 à 14 pouces (35 cm) portant à son extrémité un petit croissant d'argent » à l'aide duquel on introduisait l'hostie dans la bouche des pestiférés ; de plus, pour confesser, les prêtres devaient se tenir debout, un flambeau à la main placé entre eux et le malade ; on leur conseilla aussi soit de porter des robes courtes, soit de relever « les bords de leurs habits », le sol étant porteur de germes.

Comme le personnel médical, le clergé fut logé et nourri sur place. Au XVIIe siècle, Vincent de Paul s'illustra dans le soin des pestiférés ainsi que beaucoup d'autres restés moins célèbres. Ecclésiastiques et laïcs se groupaient en confréries patronnées par saint Sébastien et saint Roch pour prier en temps de peste, soigner et enterrer les pestiférés. Une des plus anciennes fut celle de l'église Saint-Méderic à Paris (Saint-Merri), fondée en 1448 et renouvelée en 1694. A Amiens, au XVe siècle également, l'évêque avait créé la confrérie Saint-Sébastien qui organisait deux processions annuelles en l'honneur du martyr ; en 1636, la confrérie Saint-Roch entretenait un cierge devant la statue de Roch. Fondée en septembre 1628, la confrérie lyonnaise de Saint-Roch aida financièrement les malades tout en implorant « la miséricorde de Dieu » ; elle reçut, en grande solennité, une relique de son saint patron : une pièce de taffetas blanc avec l'empreinte du corps de Roch et une indulgence plénière à perpétuité, accordée par le pape à tous les confrères qui portaient une médaille à l'effigie du saint. En 1630, le consulat de Béziers établit une congrégation vouée à saint Charles Borromée ; il emprunta 400 livres pour acheter une lampe et deux chandeliers d'argent en son honneur ; un tableau, exécuté pour 100 livres, commémora l'offrande de ces objets dans la chapelle qui lui était dédiée dans l'église des frères prêcheurs. De leur côté, de nombreuses confréries normandes se préoccupèrent tout particulièrement de l'inhumation des pestiférés. Enfin, pour infléchir la volonté divine, les municipalités et le clergé représentèrent des mystères dont les foules raffolaient. On installait des gradins sur les places publiques où les citadins se pressaient dès l'aube ; ce jour de fête était chômé afin que tout le monde puisse assister à ce spectacle à triple finalité : pieuse, éducative et récréative.

Les pestes inspirèrent beaucoup d'auteurs. Ainsi à la fin du XVe siècle, 30 bourgeois de Beaune, après avoir prêté serment sur les évangiles et s'être habillés à leurs frais, mirent en scène le martyre de saint Sébastien. En 1506, Lyon construisit son premier théâtre moderne pour représenter le jeu de saint Nicolas de Tolentin. Vingt ans plus tard, le grenoblois Pierre Aréoud montait le Martyr de saint Christophe. La paroisse Saint-Martin-de-la-Porte en Maurienne fut persuadée d'avoir échappé à la peste de 1564 grâce à la représentation donnée par 67 personnes et dont le déroulement s'étalait sur 48 heures. Saint-Jean-de-Maurienne mit sept ans à réaliser un mystère de la Passion pour « détourner le fléau de la contagion ». Le décorateur Jacques Roche reçut 300 florins, monnaie savoyarde d'alors, pour fournir des feuilles d'or, peintures, poudres, diadèmes, perruques, « ailes d'anges, gorges de diables », décors divers ; la ville lui fournit le bois, les clous, les cordes, les toiles nécessaires, le nourrit et le logea avec

tous ses artisans ; 187 acteurs interprétèrent l'évangile dans un spectacle qui s'étirait sur quatre jours. Lanslevillard imagina le mystère de saint Sébastien joué pendant deux jours de mai 1567 ; en 1630, la population de Sollières s'engagea à mettre en scène le martyre de saint Étienne, son patron, pour apaiser la peste. De plus, ces bourgs de Savoie s'ébranlèrent processionnellement comme le faisait la plupart des villes et villages.

Sous l'Ancien Régime, les processions étaient considérées comme une des manifestations les plus agréables à Dieu. Aussi, en temps de peste, furent-elles multipliées jusqu'au XVIe siècle où l'on prit conscience du danger qu'elles représentaient ; les municipalités les interdirent alors pendant la durée de l'épidémie et y participèrent dès la fin de celle-ci. Souvent, comme à Bourg-en-Bresse en 1435, les habitants des communes et de leurs terroirs se vêtaient de blanc, une croix à la main, et se rendaient en priant en des lieux sacrés précis, situés à plusieurs kilomètres de leurs points de départ. D'autres fois, on sortait des églises les riches châsses des saints patrons pour les promener dans les rues et les campagnes en chantant des hymnes. A la suite d'un vœu, de nombreux conseils de ville fixèrent une date pour une procession annuelle à la gloire d'un des thaumaturges de la peste. Ces manifestations étaient précédées de messes, de jeûnes et accompagnées de pénitences diverses : en 1629, à Bagnols-sur-Cèzes, pénitents et carmes se promenèrent pieds nus dans la ville puis s'agenouillèrent avec tous les habitants pour prier devant la croix de la place principale pendant deux heures. La réalité quotidienne d'un temps de peste était toute empreinte de fervente piété : au milieu du XVe siècle, Orange organisait des offices à ses quatre portes ; en 1664, Toulon exigeait que les chefs de famille se prosternassent trois fois par jour sur leur pas de porte à l'appel des cloches paroissiales ; beaucoup de villes organisèrent des célébrations en plein air sur les plus vastes espaces possibles ; généralement la victoire sur la peste fut magnifiée par un Te Deum, tout comme un haut fait militaire.

Les pèlerinages furent aussi très en faveur dans la lutte contre la peste : fin mai 1479, Louis XI lui-même participa à l'un d'entre eux voué à saint Edme de Poligny, en Franche-Comté ; au XVIe siècle, la population de Châtillon-sur-Seine mit trois jours pour se rendre à l'abbaye de Bèze où reposaient les reliques de saint Prudent ; en 1628, Lyon envoya deux religieux à Notre-Dame de Lorette, dans la province d'Ancône en Italie ; l'année suivante, une fois l'épidémie passée, les Lyonnais accomplirent un pèlerinage à Bourg-en-Bresse pour remercier saint Nicolas en la superbe église de Brou. De nos jours encore, en Normandie, se pratiquent certains pèlerinages votifs en l'honneur de saint Roch et de saint Sébastien.

Pendant la peste de 1384, Montpellier inaugura une pratique qui se généralisa jusqu'au XVIIe siècle : autour d'un support circulaire, elle fit enrouler un cierge souple de la longueur de ses remparts, qui se consumait nuit et jour devant un de ses autels ; Compiègne agit de même en 1453 avec un cierge de 1,2 kilomètre ; à Louviers, en 1472, « le ceint », nom donné à ces cierges de la taille des enceintes, nécessita 204 kilos de cire, 9 livres de térébenthine et 12 de poix-résine ; en 1518, celui de Saint-Audemer en Normandie pesait 152 kilos et sa mèche 14,5 livres ; un menuisier fabriqua un rouet autour duquel s'enroulait la ceinture de cire, un serrurier confectionna une cheville de fer garnie d'une virole « par laquelle pendait et tournait ledit rouet » et un trépied sur lequel se fixait le ceint, le tout fut installé devant la statue de Saint-Sébastien. En 1563 Nantes fit brûler des « torches » de la hauteur des tours de sa cathédrale.

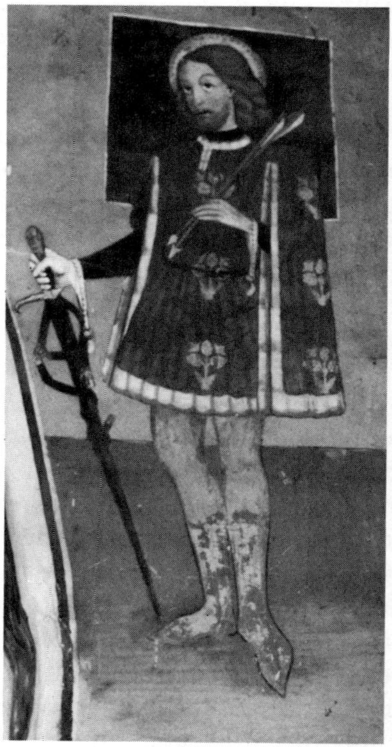

La peste génératrice d'art

Quel génie inventif la peste ne donna-t-elle pas aux hommes ? de plus, elle les incita à construire encore car elle fut à l'origine de milliers de chapelles tout particulièrement dédiées à Roch et Sébastien. En Maurienne, celle de Lanslevillard, construite en 1446, possède des fresques murales d'une étonnante fraîcheur évoquant la peste et le martyre de saint Sébastien ; à Sollières existent deux chapelles, l'une sur la rive droite de l'Arc, vouée à Sébastien, l'autre sur la rive gauche, édifiée pour Roch. Dans la région vauclusienne, il est possible de voir de nos jours dix-huit oratoires à saint Roch, deux à saint Sébastien, un à Notre-Dame des abcès à Pernes, un autre à Notre-Dame de la Miséricorde et de la Santé à Carpentras tandis qu'Apt conserve une chapelle vouée à sainte Anne, priée en temps de peste en ce lieu. Dans les Alpes-Maritimes, les murs et le plafond de la chapelle de Venanson, construite en 1481, racontent en images presque intactes la vie de Sébastien ; le rétable du peintre montpelliérain Jean Mirailhet, commandé en 1422 pour une chapelle de l'église Sainte-Réparate à Nice, évoque le fameux thaumaturge et le célèbre pape Grégoire le Grand. Dans le diocèse de Toulon, on compte 29 chapelles, 8 oratoires et 3 églises consacrées à Roch. En Normandie, on dénombre 680 lieux de culte à Sébastien, 340 à Roch. La capitale elle-même ne possède-t-elle pas une église Saint-Roch très proche du cœur politique du pays ? La réalité des constructions fut bien supérieure à ces quelques exemples, car chaque ville et village eut au moins un sanctuaire affecté à l'un ou l'autre de ces intercesseurs sacrés.

Pour manifester leur gratitude envers ces derniers, les hommes leur offrirent aussi toutes sortes de dons et d'ex-votos. Des tableaux commémoratifs de telle ou telle peste décorent encore plusieurs de nos églises : à Paris, Saint-Sulpice conserve un Saint-Roch d'Abel de Pujol et un Saint-Charles Borromée de Pichon, également peint par Le Brun pour Saint-Nicolas du Chardonnet ; la grande église de Saint-Étienne possède une peinture de Staron représentant la procession de reconnaissance après la peste de 1629 ; Notre-Dame-du-Puy conserve l'œuvre de Jean Solvain immortalisant le défilé des Lyonnais du 22 avril 1630 qui célébrait la fin de pestilence. A Béziers, l'église de la Madeleine garde une toile rappelant le vœu des consuls à l'occasion de la peste de 1632. La cathédrale Saint-Siffrein de Carpentras préserve un tableau peint pendant l'épidémie de 1629. En novembre 1632, le peintre P. Calvet plaça, dans le transept septentrional de Notre-Dame d'Aubune, une toile offerte par les consuls de Beaumes-de-Venise représentant la Vierge avec son fils dans les bras, entourée de Anne, sa mère, et des saints suivants : Roch, Sébastien, Pierre, Nazaire, implorés par la foule suppliante en bas de la peinture. Avignon possède une peinture de Nicolas Mignard, datée de 1640 et représentant le cardinal Sforza à genoux devant la ville protégée par Pierre de Luxembourg. Nancy conserve trois tableaux votifs de l'épidémie de 1636 dont l'un, destiné à Notre-Dame de Lorette, est signé Rémond Constant. Clermont-l'Hérault a également une toile peinte « en action de grâce après la grande peste de 1653 ».

Les hommes de l'Ancien Régime ont aussi laissé à la postérité 24 croix de peste en pierre sur le territoire lorrain, une dizaine en Normandie et autant de calvaires en Bretagne dont celui de Plougastel-Daoulas est le plus fameux ; le Vaucluse détient également une dizaine de stèles de peste.

Les municipalités offrirent encore de nombreuses lampes en argent à la vierge salvatrice de la peste ; en 1563, Agen fit exécuter une maquette de cire la représentant et elle la fit suspendre aux voûtes de l'église des Cordeliers ; lors de l'épidémie de 1630, Dieppe accrocha au plafond de Notre-Dame de Liesse un beau navire d'argent. De multiples calices et chandeliers d'argent, des autels, des statues furent de même dédiés à Marie, Roch et Sébastien.

En 1964, l'exposition « saint Roch dans l'art et le folklore du Haut-Limousin et de la Basse-Marche » recensa soixante-sept représentations du thaumaturge. Pendant l'hiver 1983-1984, l'exposition saint Sébastien au Musée National des Arts et Traditions Populaires présenta treize statues de ce saint, quatre reliquaires, une châsse ancienne ; plusieurs tableaux dont trois datés de 1630 le dépeignent ainsi qu'une gravure de Jacques Callot décrivant son martyre parmi deux cents objets d'art réalisés en son honneur.

Ainsi, de la Renaissance aux temps modernes, la peste inspira de nombreux artistes dont les plus grands. Le célèbre peintre de la Renaissance italienne Raphaël Sanzio (1483-1520) évoque ce mal dans un dessin intitulé « la peste » et dans le tableau de « la peste en Phrygie ». A Florence, la galerie des Offices possède un tableau de Pietro Perugino (1445-1523) représentant la Vierge, Jean-Baptiste et Sébastien. Une esquisse de l'illustre artiste vénitien

Tintoret (1512-1594) décrit l'ambiance d'un hôpital de pestiférés ; son compatriote Le Titien mourut de la peste à Venise en 1576, après avoir peint Sébastien et Roch. Le Musée des Beaux-Arts de Rouen conserve un tableau de Paul Véronèse (1528-1588) sur lequel ces deux saints implorent le Christ. A l'époque classique, deux éminents artistes français ont pris la peste pour sujet : Nicolas Poussin (1594-1665) représenta « La peste des Philistins » telle que la Bible la raconte et « La peste d'Athènes » dont mourut le grand Périclès ; Pierre Mignard (1610-1695), dans sa toile intitulée « La peste d'Épire », insista sur la solidarité humaine en ce temps de calamité et, dans l'estampe appelée « Saint Charles communiant les malades frappés de la peste », il relata une scène qui lui était familière, abstraction faite du personnage sacré.

Ce fléau des dieux et ses lugubres conséquences ont également suscité de belles pages chez les meilleurs auteurs de ces trois siècles de pestilence tels Villon, Rabelais, Agrippa d'Aubigné, Ronsard, La Fontaine et l'italien Pétrarque. La peste se mêlait si étroitement au quotidien que nul poète, nul artiste, nul témoin de ces temps ne pouvait omettre d'en laisser une trace à la postérité.

TROISIÈME PARTIE

LA PESTE AU SIÈCLE DES LUMIÈRES

Marseille en 1720

Lorsque la peste s'abattit sur Marseille au début de l'été 1720, les hommes ne la reconnurent pas. Depuis un demi-siècle, en effet, elle avait abandonné le territoire et disparu de la mémoire collective. De plus, comment aurait-on pu imaginer qu'une ville débordante d'entrain telle que la cité phocéenne puisse tomber sous son joug ? Depuis 1669, date à laquelle Colbert avait taxé de 20 % tous les produits de Méditerranée orientale arrivant en France dans un autre port que Marseille, cette dernière détenait le monopole du commerce avec les Échelles du Levant. On appelait ainsi une multitude de havres jalonnant les rivages de l'est méditerranéen depuis Smyrne jusqu'à Alexandrie en passant par les anciennes cités phéniciennes de Tyr, actuelle Sour, Sidon, devenue Saydâ, où arrivaient de longues caravanes venues d'Asie et d'Arabie, lourdement chargées d'épices, de café, de sucre, de parfums, de soie, de cotonnades, de peaux, de métaux précieux et de plantes tinctoriales. Souvent armés par 300 riches marseillais, d'élégants et superbes voiliers quittaient ces ports les cales pleines de précieuses marchandises revendues ensuite à la foire de Beaucaire. Puis ils repartaient chargés des draps du Languedoc exportés dans le bassin méditerranéen. Ainsi, plus de deux cents navires de toutes nationalités s'ancraient chaque année dans le bassin du vieux port remarqué par les Grecs de Phocée plusieurs siècles avant notre ère. Cette intense activité commerciale avait suscité de nombreux artisanats : savonneries, raffineries de sucre, de soufre, manufactures de chaussures, de chandelles, chapelleries, tanneries, verreries. Plus de 90 000 personnes vivaient de cette prospérité sans compter les nombreux étrangers fixés dans cette cité cosmopolite, relais vital entre l'Orient et l'Occident. Le 14 mai 1720, à Mademoiselle de Valois, princesse de sang qui se rendait à Gênes pour rejoindre son fiancé le prince de Modène, Marseille avait offert quelques échantillons de ses spécialités : douze boîtes de confiture, six douzaines de bougies, six bouteilles d'eau angélique. Fortunée était la ville malgré l'inflation liée au système de Law, malgré la sécheresse d'avril et le mistral de mai...

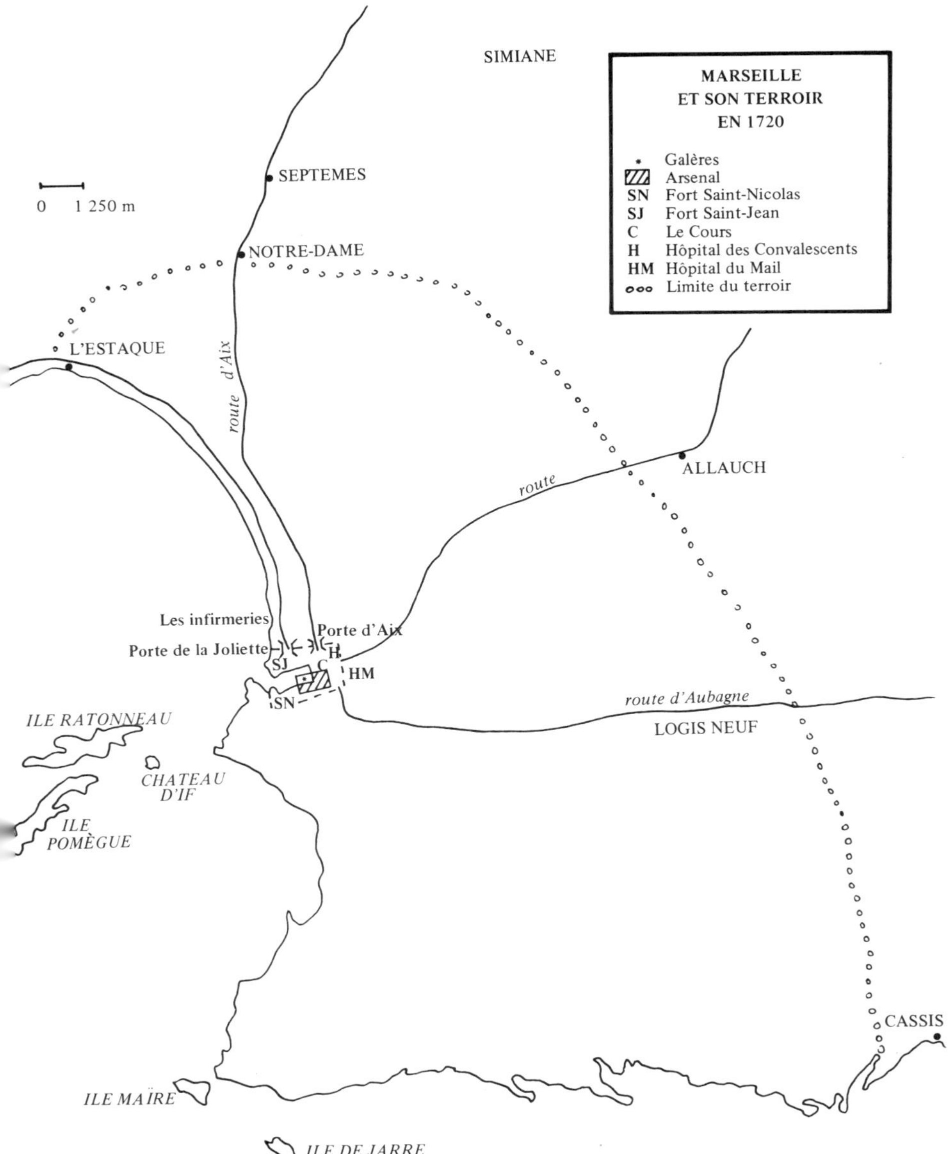
MARSEILLE
ET SON TERROIR
EN 1720
Galères
Arsenal
SN Fort Saint-Nicolas
SJ Fort Saint-Jean
C Le Cours
H Hôpital des Convalescents
HM Hôpital du Mail
Limite du terroir
SIMIANE
SEPTEMES
0 1 250 m
NOTRE-DAME
L'ESTAQUE
route d'Aix
route
ALLAUCH
Les infirmeries
Porte d'Aix
Porte de la Joliette
SJ
H
C
HM
SN
route d'Aubagne
LOGIS NEUF
ILE RATONNEAU
CHATEAU
D'IF
ILE
POMÈGUE
CASSIS
ILE MAÏRE
ILE DE JARRE

La pestiférée

« Il y a eu, dans le monde, autant de pestes que de guerres. Et pourtant pestes et guerres trouvent les gens toujours dépourvus. »
A. Camus, « La Peste ».

LE GRAND SAINT ANTOINE

L'infortune vint d'un bateau parmi tant d'autres. En 1717, pour 12 000 livres, Jean Chaud acheta le vaisseau *Saint-Jean-Baptiste* à un marchand marseillais et le rebaptisa *Grand-Saint-Antoine* avant de le confier à son beau-frère Jean-Baptiste Chataud. Après quelques voyages en Méditerranée, en juillet 1719 le capitaine et son navire quittèrent le vieux port pour les Échelles avec une cargaison dont une partie fut vendue à Smyrne un mois plus tard. Fin août, une escale dans une île grecque de la Mer Égée permit à Chataud d'embarquer du blé pour Chypre. Puis, les cales vides, l'embarcation arriva à Saydâ, aboutissement de son périple, au début de 1720. Là, le *Grand-Saint-Antoine* reçut 500 sacs de cendre nécessaires à son lestage et à l'absorption de l'humidité nuisible aux soieries qui allaient être embarquées. Ces cendres du Levant servaient aussi de matière première au savon et aux verreries ; « 242 balles de coton en laine, 195 balles de coton fin, 157 balles de coton filé de Jérusalem, 56 balles de coton fin ramé, de la bourre de Damas, de la laine rousse, des ballots de soie et d'indiennes, des sacs de cire » complétèrent le fret qui appartenait en majorité au premier échevin [1] de Marseille Jean-Baptiste Estelle. Cette opulente cargaison devait arriver à bon port avant le 22 juillet 1720, date à laquelle commençait la foire de Beaucaire où tout ce chargement serait revendu. Aucune embarcation n'était accueillie en France sans patente, certificat de santé remis par les consuls français à chaque étape étrangère. Une patente brute signifiait qu'une épidémie régnait dans la région où le bateau avait accosté ; une patente nette garantissait la salubrité des lieux abordés. Fin janvier 1720, Chataud partit de Saydâ avec une patente nette, ignorant, comme le consul Poullard, que la peste était à Damas, ville par laquelle une partie des textiles embarqués avaient transité. Puis le sort continua à s'en prendre au navire : une tempête le démâta au large de Tripoli où, pour un prix modique, le capitaine reconstitua l'accastillage avec les voiles et les cordages d'un vaisseau anglais dont l'équipage avait péri de la peste. Quatorze passagers se joignirent à l'équipage et le *Grand-Saint-Antoine* navigua en direction de Chypre, muni d'un bon visa sanitaire. Le 5 avril, quarante-huit heures après son départ de Tripoli, un des passagers était trouvé mort ; les autres Turcs, ses concitoyens, débarquèrent à Larnaca ; là, un nouveau cachet confirma la patente nette. En mer, fin avril et début mai, quatre matelots et le chirurgien de bord décédèrent brutalement. Chataud, inquiet, s'isola dans sa cabine et décida de se diriger vers

1. Échevin : magistrat municipal.

Livourne en Italie. Il y laissa trois nouveaux cadavres le 14 mai ; les médecins italiens consultés ne diagnostiquèrent pas la peste mais une fièvre pernicieuse. Onze jours plus tard, le voilier arrivait au large de Marseille. La ville était alors dotée d'un solide dispositif de prévention contre les épidémies. A l'entrée du port siégeait un bureau sanitaire composé de quarante surveillants permanents chargés de l'inspection des bateaux. Ces hommes dépendaient de seize intendants de santé nommés par la municipalité. Avant d'entrer dans le port, toutes les embarcations faisaient escale à l'île de Pomègue où elles subissaient un contrôle. Celles qui apparaissaient suspectes étaient envoyées en quarantaine à l'île de Jarre plus éloignée. Depuis le XVe siècle, Marseille possédait un lazaret à la sortie nord de la ville près de la Joliette. Au XVIIe siècle, Louis XIV fit agrandir ces « infirmeries » composées du Grand Enclos de 18 halles pour les marchandises peu suspectes et du Petit Enclos formé de deux longs hangars pour les cargaisons livrées avec patente brute.

Deux jours après son arrivée, le *Grand-Saint-Antoine* perdit encore un matelot. Le chirurgien des infirmeries, Gueirard, ne remarqua rien de spécial à l'autopsie. Méfiant, le bureau de santé envoya le voilier à l'île de Jarre après qu'il eût débarqué une partie de son chargement au Grand Enclos et ses passagers au lazaret. Le 13 juin, le gardien sanitaire du bateau décédait. Néanmoins, le lendemain, les voyageurs eurent le loisir de quitter les lieux de surveillance. La nuit, on vola quelques-uns des beaux textiles. Le tour était joué. De nos jours, certains affirment que l'intérêt des riches commerçants prima, au détriment de la plus évidente prudence.

Le 20 juin, dans une rue étroite proche du vieux port, mourait une femme porteuse d'un charbon sur la lèvre, premier signe certain de la peste. Dans les jours qui suivirent trépassèrent un mousse, deux portefaix, un commis des infirmeries, un tailleur, son épouse et enfin, dans la misérable rue de l'Escale, deux femmes dont l'une portait des bubons ! Maintenant qu'il n'y avait plus de doute possible, le médecin de la ville, Béraud, diagnostiqua enfin la peste ! Le 9 juillet, une famille entière était emportée par le mal et sa maison murée. Le fléau des dieux était donc bien de retour à Marseille.

L'ENFER SUR TERRE

« La peste fait périr plus de monde que le fer et le feu. »
« Encyclopédie », Tome XII, 1765.

Prévenu, le conseil de ville se réunit immédiatement. Il décida de masquer la réalité : « la santé est bonne en cette ville – écrivait-il aux responsables sanitaire des principaux ports européens – mais il y a la contagion dans nos infirmeries, lesquelles sont séparées de la ville et avec lesquelles la ville n'a aucune communication ». Cependant, les quatorze décès enregistrés le 23 juillet déclenchèrent la panique et les premiers départs. La municipalité ordonna d'envoyer tous les malades au lazaret, d'enterrer les cadavres de nuit à la chaux vive, de laver les rues quotidiennement, d'évacuer les ordures et les fumiers au-delà des remparts. L'arsenal et ses galères, l'abbaye Saint-Victor, les forts Saint-Nicolas et Saint-Jean s'isolèrent totalement. Chaque nuit, les échevins Estelle et Moustier visitaient à cheval les quartiers contaminés, faisaient enlever les corps, murer les maisons tandis que leurs collègues Audimar et Dieudé ainsi que le marquis de Pilles, gouverneur de Marseille, organisaient la défense sanitaire, passaient en revue les réserves alimentaires, limitant les prix des denrées qui commençaient à s'emballer. Dès la mi-juillet, Henri-François-Xavier de Belzunce, évêque de Marseille depuis 1709, conseillait à tous les prêtres de la ville de dire une messe et une oraison à saint Roch quotidiennement, à toutes les religieuses de communier le jeudi et le dimanche, à tous les fidèles de faire pénitence « pour arrêter le bras de Dieu irrité qui est peut-être prêt à frapper de nouveaux et plus rudes coups ». Fin juillet, ne pouvant organiser une procession générale qui aurait augmenté les risques de contagion, il exhortait les catholiques à se confesser, à communier et à observer un jeûne général début août « pour détourner à jamais de dessus les têtes le plus redoutable des fléaux ». De son côté le procureur du roi, Pichatty de Croissainte, ordonnait aux 3 000 mendiants étrangers accueillis en ville, de la quitter dans les vingt-quatre heures. Quant aux 800 « gueux » d'origine marseillaise, on les enferma dans l'hôpital de la Charité. A la même date, le 31 juillet, le Parlement d'Aix-en-Provence rendit un arrêt catégorique « portant défense aux Marseillais de sortir des limites de leur terroir, aux habitants de toutes les villes et lieux de Provence de communiquer avec eux et de la recevoir, aux muletiers, voituriers et tous autres d'y venir pour quelque cause et prétexte que ce soit, à peine de vie ». Marseille et sa campagne proche étaient ainsi coupées du monde. Le dispositif mis en place par le règlement du 17 juillet 1629 entra aussitôt en vigueur. On ferma toutes ses portes excepté deux d'entre elles gardées désormais par la milice

EXTRAIT
DES REGISTRES
DE PARLEMENT
TENANT LA CHAMBRE DES VACATIONS

Du vingt-deuxiéme Août 1720.

SUR ce qui a été representé à la Chambre ordonnée durant les Vacations par les Consuls de cette Ville, qu'ils ont eu notice qu'on fait un amas considerable des Bleds dans le Comtat Venaissin ; ont requis qu'il plaise à la Chambre d'y statuer ce qu'Elle trouvera à propos : Oüy le Procureur General du Roy.

La Chambre a fait & fait inhibitions & deffenses à toutes sortes de personnes de quelque état & condition qu'elles soient, de vendre des Grains aux Habitans du Comtat, ni d'en favoriser le transport directement ni indirectement, à peine de confiscation desdits Grains, applicable un tiers au Dénonciateur, un tiers à la Communauté, & un tiers aux Pauvres des Lieux d'où lesdits Bleds seront sortis. A fait & fait pareilles inhibitions & deffenses à tous Muletiers, Charretiers, Voituriers & autres d'en transporter dans ledit Comtat ; aux Bateliers & Mariniers d'en laisser passer aucuns, à peine de confiscation des Voitures & punition corporelle. Enjoint aux Consuls des Villes & Bourgs frontieres dudit Comtat de tenir la main à ce qu'il ne soit transporté aucuns Grains ; & à cet effet leur enjoint de commettre des Gardes fideles & capables, & en tel nombre qu'ils jugeront necessaire ; le tout à peine d'être declarés responsables en leur propre & privé nom, ~~& autres~~ peines selon l'exigence des cas, ausquels Gardes appartiendra la moitié de la confiscation, tant des Grains que des Bêtes & autres Voitures, & l'autre moitié aux Pauvres du Lieu. Enjoint aux Juges desd. Lieux d'y tenir la main, d'en certifier dans le mois les diligences qu'ils auront faites sur ce que dessus : Et sera le present Arrêt lû, publié & affiché par tous les Carrefours de cette Ville, & extraits expediés au Procureur General du Roy, pour les envoyer à ses Substituts dans les Senéchaussées de la Province, pour le faire lire, publier & executer suivant sa forme & teneur. Enjoint ausd. Substituts de certifier la Chambre de ses diligences. Publié à la Barre du Parlement de Provence, seant à Aix, tenant la Chambre ordonnée durant les Vacations, le 22. Août 1720. Collationné, Signé, IMBERT.

bourgeoise ; ses faubourgs furent barricadés et les juifs chassés selon la volonté parlementaire aixoise qui « enjoignait au Prévôt des marchands de faire incessamment sortir les juifs qui sont venus en cette ville avec leurs hardes, à peine de vie ».

Le 1er août, sur le conseil des médecins Sicard, père et fils, on alluma de grands feux de bois, sarments, fagots, le long des remparts, du cours, sur les places et carrefours. A la tombée de la nuit la ville se transformait en une torche vive, chacun était prié d'allumer un brasier tous les soirs à neuf heures devant chez lui. On désinfecta les maisons en faisant brûler du soufre distribué gratuitement. Le 2 août on boucla la plus atteinte des rues : celle de l'Escale. Quotidiennement des commis y apportèrent les vivres nécessaires à la survie de ce ghetto très peuplé. La milice bourgeoise escortait dorénavant les échevins dans leurs expéditions nocturnes. La municipalité se dota de médecins et chirurgiens supplémentaires. Elle leur fournit « des sarrots de toile cirée et des chaises à porteur afin qu'ils puissent plus facilement aller partout ». Elle émit un emprunt à 5 % d'intérêt pour faire face aux dépenses qu'elle engageait. Elle établit 150 commissaires répartis également entre les 5 paroisses urbaines pour veiller aux besoins des pauvres, distribuer gratuitement des vivres et des médicaments. Un volontaire, le chevalier Roze, qui venait de s'illustrer dans la guerre contre l'Espagne, reçut la charge de capitaine, commissaire général du secteur de Rive-Neuve situé entre l'abbaye Saint-Victor et l'arsenal. On attribua un commissaire de santé à chacune des 44 paroisses du terroir qui regroupait 10 000 bastides.

Début août, sous la pression d'une émeute populaire, le conseil de ville accorda des grains au quartier de l'Agrandissement qui manquait de farine et implora les municipalités provençales et languedociennes de lui envoyer des blés. Depuis Versailles où il résidait alors, le maréchal de Villars, gouverneur de Provence, et à Aix, Cardin Lebret, intendant de cette province, organisèrent une rencontre entre des représentants marseillais et le marquis de Vauvenargues, premier procureur royal, pour remédier à la pénurie qui menaçait la ville. Le 7 août un accord fut signé prévoyant trois marchés, entourés de barrières bien gardées, où les marseillais iraient s'approvisionner. L'un se tiendrait sur le chemin d'Aix au hameau Notre-Dame, l'autre sur la route d'Aubagne au Logis Neuf, à une dizaine de kilomètres au nord-est de Marseille. Le troisième serait pourvu par mer, des embarcations débarquant des denrées à l'Estaque. Les intermédiaires qui transmettaient les demandes des clients aux marchands et les prix fixés par les fournisseurs aux acheteurs, profitèrent honteusement de leur situation ; on dut très vite les remplacer par des porte-voix. Devant les abus de ce genre qui se multipliaient, le Parlement aixois fut contraint de fixer un maximum des salaires et des denrées : la journée de travail fut payée 15 sols aux hommes, 6 aux femmes, discrimination scandaleuse, les femmes accomplissant souvent des tâches très rudes. Le bois indispensable à la cuisson du pain et des aliments, devenu rare à cause de l'embrasement quotidien, atteignait des tarifs exorbitants qu'il fallut geler à 10 ou 12 sols le quintal.

Selon certains contemporains témoins du drame naissant, 40 000 marseillais s'étaient dispersés alors dans le terroir, campant sous des tentes ou vivant à la belle étoile pour fuir la ville où mouraient déjà plus de 50 personnes par jour !

Le 8 août, il fallut réquisitionner des tombereaux, les

fourgons mortuaires ne suffisant plus, et des corbeaux pour enlever les cadavres dont le nombre ne cessait d'augmenter. La ville engagea de force des paysans pour creuser trois fosses carrées de 20 mètres de côté sur 6 de profondeur, hors les murs, entre les portes d'Aix et de la Joliette. Elle réserva l'hôpital dit des Convalescents aux pestiférés tandis que Roze, à ses frais, créait une clinique « sous les voûtes d'une corderie » et faisait ouvrir de grandes fosses près de l'abbaye Saint-Victor. Le corps médical et les commerçants, qui partaient en masse, furent menacés d'exclusion de leurs grades et fonctions s'ils ne revenaient pas rapidement. Marseille était méconnaissable : « le Cours qui était l'endroit le plus riant et la promenade la plus agréable où nos femmes venaient étaler leur vanité et leur luxe – raconte un témoin – est plus couvert de malades que les autres places. Ils s'y mettent à l'ombre des arbres et sous les auvents des boutiques : là, brûlés en dehors par la chaleur du soleil et en dedans par les ardeurs de la fièvre, ils demandent le secours le plus commun, l'eau qui se perd dans les rues, et personne ne leur en donne ». De nombreux malades, parfois rejetés par les leurs, essayaient en effet de se rendre à l'hôpital par leurs propres moyens, ou venaient chercher la fraîcheur que ne leur offraient pas leurs logis sous les frondaisons du Cours.

A la mi-août, le duc d'Orléans, régent du royaume pendant la minorité de Louis XV, envoya deux médecins, Chicoyneau et Verny, un chirurgien, Soulier, tous trois formés par l'Université de Montpellier, pour établir un diagnostic définitif et porter secours. Leur verdict tomba sans nuance : la peste était bien la seule responsable de l'hécatombe quotidienne de plus de 300 personnes ! Afin

AVIS AU PUBLIC

RIEN n'eſtant plus neceſſaire que de faire enlever & enterrer les Cadavres, Meſſieurs les Echevins exhortent les perſonnes zelées qu'il y a dans la Ville, d'avoir la bonté de ſe preſenter & de monter à Cheval pour contribuer à l'enlevement & à l'enterrement des Cadavres, par leur preſence & par les ordres qu'ils donneront à ceux qui s'emploïent à des pareilles Fonctions, outre l'Action meritoire qu'ils féront, & la gloire qu'ils acquerront de ſervir leur Patrie dans une occaſion auſſi eſſentielle, la Communauté donnera des gratifications à ceux qui voudront en recevoir, & on rembourſera tout ce que ces perſonnes zelées donneront pour l'enlevement & l'enterrement des Cadavres, tant dans la Ville qu'à la Campagne.

A Marſeille le 3 Septembre, 1720.

de ne pas créer d'épouvante, les échevins firent placarder « un avis au public » mensonger : il ne s'agissait que de « fièvres contagieuses causées par de mauvais aliments » ! Incrédule, la foule se pressa en masse aux portes devenues trop étroites. « Les personnes les plus nécessaires furent les plus promptes à déserter ; presque tous les intendants de santé, ceux du bureau de l'abondance, les conseillers de la ville, les commissaires de police, les recteurs de tous les hôpitaux, les commissaires que l'on venait d'établir dans les quartiers, les artisans de tous métiers et ceux qui sont les plus nécessaires à la vie. L'aspect de la ville excite déjà la compassion ; tout y a l'air de désolation, toutes les boutiques sont partout généralement fermées, la plupart même des maisons, des églises, des couvents ; et personne n'est plus par les rues que des pauvres gémissants », notait Pichatty de Croissainte.

Devant l'ampleur du désastre, les échevins eurent recours aux galériens pour enlever les cadavres qui s'entassaient de toutes parts. Certains de ces forçats que l'on avait chaussés et à qui on avait promis la liberté, furent pris en train de piller ou de fuir : on les pendit haut et court publiquement. Plusieurs fois on en vit renverser par maladresse les charrettes trop lourdement chargées. C'est pourquoi Moustier prit l'habitude de se lever à l'aube pour les surveiller, leur apprendre à s'occuper des chevaux et des tombereaux confisqués aux paysans. Trente à quarante orphelins, recueillis à l'hôpital Saint-Jacques-de-Galice par les pères de Lorette, décédaient quotidiennement. La dernière semaine d'août, les trois premières fosses étant insuffisantes, on en creusa d'autres à l'extérieur et à l'intérieur dont trois à Rive-Neuve et dix dans la vieille ville près du port ; on utilisa aussi les caveaux des églises car il mourait alors mille personnes par jour ! Il n'y avait plus assez de paillasses dans les hôpitaux et les malades continuaient à mourir dehors, « la rue Dauphine, proche de l'hôpital des Convalescents, longue de 180 toises (350 mètres) et large de 5 (10 mètres) fut toute couverte de malades dont le nombre était si grand qu'on ne pouvait pas sortir des maisons sans leur passer sur le corps ». Quant à ceux qui étaient hospitalisés, « livrés à des gens impitoyables, ils se trouvaient aussi abandonnés dans cet hôpital qu'ils l'étaient dans leurs maisons ». On dut créer un hôpital supplémentaire dans les allées du grand jeu du mail avec « des charpentes de bois recouvertes de toile de coton ». Il fut donc désormais interdit de laisser des malades sur la chaussée. Fin août, sous un ciel d'une lumière intense, la ville se mourait malgré la brise sereine, l'horizon calme et plat...

Le Parlement d'Aix essaya de ranimer la moribonde en obligeant tous les commerçants à revenir sous peine de mort. La municipalité réclama l'intervention de l'armée pour rétablir un ordre, une police, une hygiène qu'elle n'était plus en mesure d'assurer. Chaque jour, des embarcations de fortune ancrées dans le vieux port, où certains avaient cru se mettre à l'abri, dégorgeaient leurs cadavres sur les quais quand ça n'était pas au milieu des eaux où flottaient des centaines de chiens et de chats abattus sur ordre municipal au début du mois. La vue et l'odorat souffraient de ce spectacle hallucinant. Les échevins devinrent menaçants pour que la salubrité publique ne se dégradât pas davantage : il fut défendu de jeter des corps par les fenêtres ! La peste était à son comble, à son paroxysme, le cauchemar ! Parmi les 12 agrégés de médecine que possédait la ville avant

l'épidémie, trois avaient fui depuis longtemps, cinq étaient morts ainsi que 25 chirurgiens, dont Gueirard, des 30 engagés par la cité. Un cinquième du clergé soit 250 personnes avaient aussi succombé.

De Belzunce ne cessait de visiter les malades et les pauvres auxquels il distribuait sa fortune personnelle et les dons qu'on lui envoyait de l'extérieur. Le 2 septembre, il ordonnait aux fuyards de rentrer : « nous exhortons tous les prêtres séculiers et réguliers qui sont dans le terroir de revenir dans les trois jours, sous peine d'interdit de messe ». La mort faucha également 350 hommes de garde, tous les sergents du guet, tous les capitaines de quartier sauf un, tous les domestiques des magistrats soit 500 employés municipaux. Le 6 septembre, cinq des cent forçats mis au service de la ville un mois auparavant, survivaient ; 2 000 cadavres pourrissaient encore dans les rues particulièrement aux abords de la demeure de l'évêque. Ce dernier n'eut plus la hardiesse de sortir pendant quelques jours. Le découragement atteignit les échevins, impuissants devant un tel carnage. Afin d'apaiser « le Dieu terrible, le Dieu de justice qui châtie », ils assistèrent à l'office célébré par Belzunce en la chapelle de l'Hôtel de Ville et firent vœu de pensionner à perpétuité l'œuvre pour les orphelins de Notre-Dame-du-Bon-Secours. Une fois de plus, on ne trouvait de recours qu'en Dieu.

Pendant ce temps, Chataud, le responsable du drame, quittait le *Grand-Saint-Antoine* afin d'être interné au château d'If « pour fausses déclarations, pour avoir fait entrer des marchandises en ville avant purge et pour avoir favorisé l'évasion d'un homme d'équipage pendant la quarantaine ». Un courageux lieutenant de l'Amirauté, Jean-Jacques de Gérin vint à l'île de Jarre questionner les

La pestiférée

17 survivants du funeste voyage et conclut : « si le capitaine, à son arrivée, a déclaré les morts qu'il a eu à son bord pendant sa route, il est moins coupable qu'on ne le dit ». Le dossier du procès demeure obscur de nos jours encore car plusieurs déclarations de Chataud ont été raturées. Il est possible que le commandant se soit plié aux exigences d'Estelle, principal propriétaire des marchandises importées, qui tenait à les sauver coûte que coûte, dans une inconscience totale du risque encouru.

Comme le mal ne cessait d'empirer, le Parlement de Provence envoya des tombereaux, deux nouveaux médecins montpelliérains, deux excellents chirurgiens. Le Régent nomma le chef d'escadre des galères De Langeron commandant de Marseille, avec les pleins pouvoirs que les parlementaires lui envièrent. Le 12 septembre, les troupes régulières attendues arrivèrent ; elles comprenaient trois compagnies du régiment de Flandre et autant de celui de Brie soit 240 hommes qui campèrent à la Chartreuse, hors les murs. Un tiers d'entre eux fut posté à l'Hôtel de Ville avec pour mission de se tenir à l'entière disposition des échevins et de les escorter. D'autres patrouillaient dans les rues nuit et jour. Marseille fut assainie excepté l'esplanade de la Tourette proche du fort Saint-Jean où deux mille cadavres exhalaient une puanteur insoutenable. Aucun être vivant n'osait s'en approcher depuis trois semaines ! L'intrépide chevalier Roze eut l'idée de faire abattre par des galériens les toits de deux anciens bastions construits au temps de Jules César et d'y faire précipiter les corps. Cent forçats et quarante soldats d'une compagnie des galères participèrent à cette dangereuse opération à laquelle trois hommes survécurent dont Roze, qui n'avait pas quitté son cheval. Mi-septembre,

10 000 chiens et chats qui surnageaient dans le vieux port furent ramassés à l'aide de filets et incinérés. Deux nouvelles fosses furent ouvertes dont une dans la paroisse Saint-Ferréol où œuvrait le peintre Michel Serre, commissaire de quartier. Le ministre des Finances, Law, alors en grande difficulté, fit cependant un don de 100 000 livres à la cité qui réquisitionna 150 paysans pour creuser un trou supplémentaire de 43 mètres de long sur 16 de large et 5 de profondeur afin d'éliminer les corps, que l'on recouvrit de chaux vive. Le pape Clément XI expédia par mer 26 000 litres de froment dont une faible partie arriva à Marseille, un des deux bateaux ayant fait naufrage. De Langeron envoyait régulièrement 30 bagnards quérir des vivres aux trois marchés réglementaires ; 25 autres nettoyaient les rues ; 20 enfin coupaient du bois pour les fours des boulangers. L'installation du mail, qui ne résista pas au premier coup de mistral de l'automne, fut remplacée par l'hôpital de la Charité équipé de 800 lits. On transféra à l'Hôtel-Dieu les mendiants qui l'occupaient jusqu'alors.

Le 26 septembre fut un nouveau jour de deuil pour les rescapés du *Grand Saint-Antoine* qui le virent s'enfoncer dans les flots dans une lente combustion. La flamme réparatrice exorcisa le mal. Lentement, en effet, la ville émergeait de l'enfer. De Langeron autorisa les vendanges dans le terroir.

ACCALMIE

« Cette superbe Marseille, peu de jours avant si florissante, source d'abondance, et si on l'ose dire, de félicité, n'est plus que la vraie image de Jérusalem désolée, le théâtre affreux des plus horribles ravages que la fureur ait jamais fait dans aucune ville du monde. »

Pichatty de Croissainte,
« Journal de ce qui s'est passé à Marseille », 1720.

Début octobre, le nombre quotidien des décès passa à 200. La municipalité promettait 2 000 livres par mois à tout chirurgien volontaire, 300 livres et la maîtrise à tout garçon chirurgien qui se présenterait pour soigner les pestiférés. Les prisons se remplirent de voleurs inconscients qui pillaient les maisons désertées, se transformant ainsi en vecteurs de l'épidémie. Or il fallait à tout prix éviter une recrudescence du mal. La vigilance s'imposait. Une chambre exceptionnelle, présidée par de Langeron assisté des quatre échevins et de quatre procureurs dont Pichatty de Croissainte, rendit des jugements sommaires. Les galères ou la pendaison punirent les malandrins. Les lieux publics : églises, tavernes, cabarets, maisons de jeux et de plaisir, demeuraient clos, mais les curés eurent le droit de sonner à nouveau les cloches, muettes depuis trois mois. Sous les ordres des soldats, les forçats s'affairaient à nettoyer la ville dont les déchets furent évacués en pleine mer par l'intermédiaire « des bateaux à boue » servant au curage du port. De nombreux malades guérissaient alors. On institua pour eux une quarantaine au couvent des Pères de l'Oratoire. L'hôpital dit des convalescents retrouva sa fonction première, les hôpitaux de Rive-Neuve et de la Charité suffisant à contenir les pestiférés, dont le nombre diminuait chaque jour. Fin octobre, « il ne périssait plus que trois ou quatre malades par jour ». Les soldats cernèrent 500 mendiants que se rassemblaient régulièrement rue Saint-Ferréol autour de la maison de Belzunce depuis la mi-septembre. Ils furent examinés attentivement par les chirurgiens avant d'être ou non relâchés. Le jour de Toussaint, l'évêque, accompagné des chanoines des Accoules et de Saint-Martin, des prêtres de Saint-Ferréol, se rendit, pieds nus, la corde au cou, une croix dans les bras, à un autel placé au milieu du Cours où il célébra publiquement la messe pour le temps de peste et consacra la ville au Sacré Cœur de Jésus. Mi-novembre, depuis la terrasse de l'église des Accoules où son clergé s'était réuni, il bénit solennellement Marseille et prononça un exorcisme contre la démoniaque peste « au bruit des cloches de toute la ville, des canons des forts, des tambours des troupes militaires et bourgeoises ». Marseille se prouvait bruyamment qu'elle était bien vivante, elle laissait éclater sa joie, libérée qu'elle était des chaînes de la souffrance et de la peur.

De son côté, le conseil municipal faisait quadriller la ville et son terroir pour que rien n'échappât à la surveillance. Il fixait un nouveau taux des denrées, qui avaient tendance à augmenter, l'approvisionnement de la ville étant gêné par l'extension de l'épidémie en Provence, Comtat et Languedoc. C'est pourquoi le port fut autorisé à reprendre ses activités ; les navires, désinfectés, partirent acheter des blés en Méditerranée. Le jeune roi obligea la compagnie des Indes à donner l'équivalent de 225 440 livres en piastres et en argent à la ville dépourvue. De riches financiers marseillais : Remusat et Constans, fournirent généreusement du grain.

En décembre, Roze ferma l'hôpital de Rive-Neuve ; les

fuyards revinrent de la campagne pour reprendre leur logement en ville ; les boutiques s'ouvrirent ; la rue retrouva son animation d'autrefois. De Belzunce organisa une procession générale le long des murs, à l'extérieur. L'année nouvelle vit revenir les corbillards et disparaître les tombereaux de peste ; les Marseillais furent très sensibles à ce changement qui leur parut être le signe certain de la fin de l'épidémie. Il n'y avait plus que 300 hospitalisés. Deux jours chômés marquèrent la fête du saint nom de Jésus où l'allégresse s'exprima à nouveau. En février, la moitié des personnes soignées guérissaient. La chambre de commerce reprit ses délibérations interrompues depuis sept mois. En mars, 57 malades venus du terroir et 120 citadins survécurent. Il n'y eut que 18 décès. En avril, le bilan fut de 23 morts et de 31 guérisons. Le jour de Pâques, la foule voulut enfoncer les portes des églises mais de Belzunce, prudent, officia sur le Cours et fit dresser des autels devant les portes des sanctuaires. Toutes les célébrations religieuses se déroulèrent en plein air. En mai, « le retour des maladies ordinaires fut considéré comme un augure favorable ». Tout rentrait dans l'ordre. Il n'y eut plus d'hôpital de peste en juillet et plus de pestiféré à partir du 20 août 1721. La municipalité imposa quarante jours de désinfection et de claustration. Fin septembre, un Te Deum magistral chanté en la cathédrale clama le triomphe de Marseille sur l'épidémie. Assiégée pendant 14 mois, la ville avait enfin vaincu un ennemi indigne du siècle des Lumières.

Les lendemains du drame

« La peste est un de ces fléaux qui peuvent en peu de temps dépeupler un État. »

D'Antrechaus, « Relation de la peste », 1756.

RECHUTE

La vie suivait son cours ordinaire lorsqu'en mai 1722 de nouveaux cas de peste se déclarèrent dans le vieux Marseille. Alertés, le conseil de ville et le bureau sanitaire agirent avec célérité. On hospitalisa les malades à la Charité près de laquelle on creusa des fosses, toutes les autres étant obstruées depuis plus d'un an. Les familles et les habitants du quartier contaminé furent isolés au lazaret. On réquisitionna des corbeaux, étroitement surveillés « afin d'éviter leur fuite dont la province avait eu lieu d'être justement alarmée pendant la dernière contagion ». On rassembla des brancards et des chaises à porteur. On répartit les volontaires, les employés municipaux et le clergé dans les différentes paroisses. Sept médecins se présentèrent à l'Hôtel de Ville, l'un d'entre eux s'offrit à soigner les contagieux, les autres se partagèrent les quartiers de la ville, aidés des chirurgiens de leur choix. Trois autres praticiens furent responsables du terroir. Les médecins reçurent une avance de 500 livres, les chirurgiens de 300. Des capitaines de peste furent placés à la tête de chaque secteur de la cité et de sa campagne ; des affiches précisaient les domiciles du personnel médical. Les bâtiments amarrés dans le port furent isolés le plus possible de la ville ; « les patrons pêcheurs, les matelots et leurs familles s'étant attroupés sous des cabanes ou dans de petits taudis le long de nos côtes, il fut établi des commissaires pour les visiter et les enregistrer ; ces précautions pouvaient conserver au roi un nombre de gens de mer ; aussi n'a-t-on vu qu'un seul malade dans tout le quartier de Saint-Jean, habité presqu'uniquement par des marins ». Une police spéciale veilla au respect des malades ; on fixa un maximum des prix des denrées ; on dressa des barrières devant les boulangeries, boucheries et autres boutiques ; on plaça deux capitaines et un corps de garde à chacune des portes, des barrages aux limites du terroir et du littoral ; on rétablit des patentes de santé ; on installa un deuxième hôpital au couvent des Augustins Déchaussés et une infirmerie dans celui des Minimes ; on creusa de nouvelles fosses et tout le monde trembla, terrifié à l'idée qu'on allait peut être revivre le drame dont on venait à peine de sortir. Début juin, l'espoir revint car il n'y eut plus qu'un ou deux cas journaliers ; le 7 juin, sur les 61 personnes hospitalisées, 4 étaient gravement atteintes et 46 hors de danger. Le mal continua à s'affaiblir jusqu'à disparaître définitivement : « le terroir est net de contagion depuis le 26 juillet et la ville depuis le 16 août » affirmait de Langeron. Tel était le résultat de l'œuvre de désinfection entreprise par la municipalité depuis deux ans.

PARFUMAGE

« Le parfumage est l'ensemble des précautions que l'on prend dans les temps de contagion pour empêcher que les marchandises, les lettres et autres choses qui viennent des pays qui en sont infectés, ne puissent la porter et communiquer dans les lieux de leur destination. »

« Dictionnaire Universel du Commerce »
de Savary, 1741.

Un règlement de peste nouveau avait été appliqué à Marseille dès la mi-décembre 1720. Chaque responsable de quartier dut marquer d'une croix rouge les maisons à désinfecter. Le commissaire général, responsable de la ville, réquisitionna toutes les clés de ces demeures pour les confier les unes après les autres aux commissaires de quartier au fur et à mesure de leurs travaux. Sous la surveillance de ces derniers, les parfumeurs, « les poches vides et renversées », éliminaient par les fenêtres, à l'aide de crochets métalliques, la literie ayant servi aux pestiférés. Ils rassemblaient tout le reste du mobilier dans une pièce aux issues closes puis jetaient un demi-litre de térébenthine dans un chaudron rempli de fils imbibés de parfum et y mettaient le feu. Trois jours plus tard, ils renouvelaient l'opération avec « un morceau de toile soufré, grand comme la main » puis, avec de la chaux ou du vinaigre, ils nettoyaient les planchers, les murs, les poutres, les solives, les portes, les fenêtres, les volets. L'argenterie, la vaisselle, l'étain, le cuivre trempaient dans du vinaigre. On blanchissait à la chaux la façade où une croix blanche remplaçait la précédente pour indiquer que la désinfection était achevée. Le commissaire général se rendait alors sur les lieux pour vérifier leur état, remettre ou non un certificat de bonne exécution au délégué de quartier chargé de rendre les clefs à leurs propriétaires. Dans la ville et son terroir, tous les couvents, églises, boutiques, fabriques, tavernes, auberges, hôtels, bastides subirent le même parfumage. Dans le port toutes les embarcations, l'arsenal, les galères furent purgés, les agrès, les voiles, les tentes, les bannières désinfectés en exécution de l'ordonnance municipale du 20 décembre 1720. Quant aux marchandises diverses, elles passaient à l'épreuve de traitements semblables : en présence de gardes, on éventait et retournait les textiles pendant douze jours, on battait les draps de laine, les tapis, les tapisseries, les cuirs deux fois par semaine, le reste du temps ils étaient exposés au vent et au soleil ; on lavait les laines quatre fois en douze jours ; on enfumait et passait au vinaigre les bijoux, les pierreries, les objets métalliques ; les bats et selles étaient bastonnées, les bêtes baignées dans l'eau courante pendant trois jours comme l'avait ordonné l'arrêt du Parlement d'Aix en 1629. Quatre livres et demie de parfum désinfectaient un grand appartement, la moitié un petit. Dès le 9 septembre 1720 le ministre de la Guerre Le Blanc écrivit à de Langeron pour lui recommander des préparations « dont l'efficacité avait été reconnue à Prague dans le temps où la peste y était ». Il lui conseilla aussi le procédé de M. de Morveau, membre du Parlement de Dijon. Ce parlementaire avait assaini une église en versant 2 livres de vitriol sur 6 livres de sel marin chauffé, la colonne de vapeur provoquée débarrassant l'air « des miasmes cadavéreux ». A la Ciotat, on infligea aux médecins montpelliérains une fumigation telle qu'ils furent quasiment asphyxiés.

Après deux périodes de 40 jours, du 19 août au 29 septembre et du 1er octobre au 9 novembre 1721, pendant lesquelles ne se manifestèrent ni malade ni suspect, de Langeron et les échevins proclamèrent haut et fort que leur ville était totalement désinfectée donc abordable. La rechute de 1722 déclencha un autre processus de désinfection : dès mai on « purgea » soigneusement les maisons contaminées, on choisit un enclos hors de la ville « pour y transporter tout ce qui devait être lessivé en prenant la précaution de distinguer par des numéros ou des filets, les effets de chaque famille ; les parfumeurs furent enfermés à la fin de chaque séance », garantie supplémentaire de non-dissémination du microbe.

Du 5 septembre au 1er décembre 1722, de Langeron publia plusieurs ordonnances concernant la prophylaxie. La première attribuait deux commissaires généraux à chacune des cinq paroisses de la ville ; il y eut ainsi 84 responsables sanitaires outre les vingt commissaires du quartier de Rive-Neuve mieux doté. Ces hommes perquisitionnèrent dans près de mille magasins suspects de posséder des marchandises contaminées. Ils confisquèrent leurs clés et posèrent les scellés sur leurs portes. La deuxième circulaire se préoccupait des fripiers considérés comme « ceux que l'on doit soupçonner le plus d'avoir des marchandises suspectes de contagion ». Accompagnés chacun de deux soldats du régiment de Flandre, ces commissaires envoyèrent les hardes, literies et divers textiles au lazaret par l'intermédiaire des corbeaux encadrés par des soldats. Un inventaire du matériel de chaque boutique était donné au lazaret, son double aux échevins. Le 22 septembre, le commandant de Marseille créa 41 commissaires généraux supplémentaires et, à sa demande, l'évêque plaça 14 chanoines ou vicaires à la tête des cinq paroisses. Les premiers fouillèrent les maisons des caves aux greniers, toute demeure suspecte fut fermée et désinfectée par le soin des commissaires particuliers établis dans chaque îlot d'immeubles. Les membres du clergé visitèrent soigneusement les couvents, les églises dans le même esprit de détection des objets suspects en particulier lorsqu'ils venaient du Comtat alors pestiféré. Les cuirs et les textiles étaient tout spécialement soupçonnés. L'ordonnance du 25 septembre appliquait toutes ces mesures au terroir dont était responsable le marquis de Mizon, colonel du régiment de Flandre. On divisa la campagne marseillaise en quatre départements à la tête de chacun desquels fut nommé un capitaine d'infanterie, secondé par un lieutenant dont dépendaient les commissaires. L'armée et, par son intermédiaire, le pouvoir central avaient donc pris en main la direction des opérations. Une fois de plus, le Parlement d'Aix-en-Provence, qui avait cependant émis près d'une cinquantaine d'arrêts à propos de la peste depuis l'été 1720, protesta devant l'ingérence du pouvoir royal dans les affaires provinciales. La peste fut donc une occasion exceptionnelle pour centraliser la France. Dans le terroir, tout déplacement fut interdit durant 40 jours pendant lesquels les fermes et les bastides furent désinfectées.

L'ordre du commandant de Langeron en date du 1er octobre 1722 touchait à la surveillance des bâtiments au mouillage dans le port de Marseille. Avec l'accord des responsables de la police portuaire, le commandant et l'intendant des galères, quinze commissaires contrôlèrent toutes les embarcations et leurs marchandises. Celles qui arrivaient du Comtat, atteint de peste, étaient débarquées pour faire quarantaine après avoir été méticuleusement enregistrées et étiquetées. Les marins et les passagers suspects étaient emmenés aux infirmeries.

Enfin, le 15 octobre 1722, quarante jours après le début du parfumage, tous les scellés furent levés, toutes les issues laissées grandes ouvertes, sous surveillance, « depuis le lever jusqu'au coucher du soleil » pendant 40 nouvelles journées. Le 1er décembre 1722, la désinfection générale s'acheva, les familles réparties à la campagne rentrèrent, les galères « reprirent leur poste ordinaire » et de Langeron supprima la garde des portes et les billets de santé.

La veille, un Te Deum avait proclamé la victoire définitive de l'ordre sur le chaos engendré par le mal.

LES CONSÉQUENCES DÉMOGRAPHIQUES

> *« Il n'est point d'ennemi plus redoutable que la peste. Elle moissonne plus de victimes et elle emporte au roi plus de sujets que les batailles les plus meurtrières. »*
>
> Dupont, brigadier des armées du roi,
> « Relation de la peste de 1720 »

La maladie avait opéré d'énormes ravages dans la population marseillaise au cours des 340 jours de l'épidémie de 1720-1721 et des 94 autres jours de la rechute de 1722. Le recensement de 1716 avait donné 88 645 habitants à la ville et son terroir ; celui de 1765 lui en accorda 87 495 outre 2 561 personnes venues d'ailleurs. Près d'un demi-siècle après l'accident de 1720, Marseille n'atteignait donc pas le chiffre de peuplement des années précédant le drame. Les documents contemporains de la première épidémie signalent 30 139 morts soit un bon tiers de la population ; 84 % des pertes furent enregistrées dans les quartiers, 16 % dans les hôpitaux. La paroisse la plus touchée fut celle de Saint-Martin avec 30 % de tous les décès, puis celle des Accoules avec 18 %, de la Major avec 14 %, Saint-Laurent et Saint-Ferréol n'en eurent que 8 à 9 %. A ces pertes, il faut ajouter les 6 000 orphelins enlevés par le mal à l'hôpital Saint-Jacques. Dans le terroir succombèrent 8 916 individus, ce qui porte à plus de 45 000 le total des pertes, soit la moitié de la population marseillaise dans sa plus grande acceptation. Un quart des habitants expirèrent entre le 20 août et le 10 septembre 1720. La rechute de mai et juin 1722 semble n'avoir provoqué que 200 décès.

Tous les garçons chirurgiens, la plupart des fripiers et des pêcheurs décédèrent. Pour le carême de 1723 l'évêque décida que les œufs et laitages remplaceraient le poisson devenu rare donc cher. 460 des 698 forçats dont 6 turcs employés comme corbeaux du 18 août 1720 au 4 janvier 1721 ne se présentèrent pas à la revue de mai 1721 ; 26 autres galériens occupés dans les hôpitaux n'ont laissé aucune trace. Ainsi, 70 % des bagnards chargés des tâches les plus ingrates ne survécurent pas à la peste, les autres avaient donc bien gagné leur liberté !

Une fois le désastre passé, la mortalité baissa, comme toujours en pareil cas, l'épidémie ayant éliminé les plus faibles et les plus âgés. Par contre, phénomène déjà remarqué, la nuptialité doubla, passant d'une moyenne de 740 mariages par an entre les deux premières dates à celle de 1 472 entre les deux dernières. Cette frénésie de vivre se manifesta même au cours de l'épidémie à la grande surprise de certains témoins comme celui-ci : « En novembre 1720, nous fûmes étonnés de voir une quantité de mariages ; on en publiait 200 dans un dimanche, la plupart des veufs et des veuves. La fureur de se marier était si grande qu'un des mariés qui n'avait pas eu la maladie épousait fort bien l'autre dont le bubon venait de fermer ; aussi voyait-on des mariages empestés. Il fallait donner des lettres à des veuves sans papier mortuaire du mari ; on a vu des femmes qui ont profité de ces désordres pour se marier quoiqu'elles eussent bien leur mari en vie dans les pays étrangers, d'autres qui avaient déjà usé trois maris depuis la contagion, on se jouait ainsi du sacrement dont on faisait un concubinage. En décembre, cette rage continuait de telle force parmi le peuple qu'on s'étouffait aux paroisses pour approcher l'autel. On avait été obligé depuis quelques jours de ne permettre que ceux où il n'y avait point mélange de sains et de pestiférés. Il y avait à cet effet un médecin pour visiter les fiancés et leur donner des certificats de santé. » En 1721, dans 40 % des mariages, et dans les deux tiers d'entre eux en 1725, un des deux conjoints au moins n'était pas originaire de Marseille. Une fois de plus, une ville guérie de la peste attirait une forte immigration d'artisans, commerçants, domestiques, journaliers appelés par les offres d'emplois et de bons salaires. Outre un solde migratoire positif, la population s'accrut d'un fort excédent naturel. De 1722 à 1724, les curés baptisèrent autant d'enfants que dans les trois années qui précédèrent l'épidémie et ce malgré les ravages démographiques. Certains en vinrent d'ailleurs à penser que « la peste provoque l'amour et un penchant extraordinaire à la propagation pour remplacer tant de monde qui avait péri » !

« Protégeons-nous contre la peste
Comme contre l'espiègle hiver !
Brûlons des feux, versons du vin,
Noyons nos esprits dans la joie,
Puis, festins et bals mis en branle
Célébrons l'empire de la peste. »

Pouchkine, *Le festin pendant la peste.*

Savant 1. « Et puis pour finir, couronnant le tout, pièces maîtresses de l'édifice, nichés au creux des aisselles, nichés dans les remous de l'aine comme ces oiseaux de nuit et des plus malheureux qui se cachent dans les murailles et les cavernes, voici les bosses fameuses, voici les apostèmes, voici les adénomes, voici les bubons ! »

Bernard Chartreux, *Les dernières nouvelles de la peste,* Édilig, 1983.

LES CONSÉQUENCES ÉCONOMIQUES

Un des problèmes majeurs qui, pendant toute la durée de l'épidémie, hanta les échevins fut celui de la constitution de réserves alimentaires. Dès le 8 août 1720, ils s'adressèrent à des particuliers et à plusieurs bourgs provençaux qui, sur ordre de l'intendant, leur fournirent du blé. Sur leur suggestion, Villars obtint que les grains du Languedoc ne fussent plus exportés à Gênes mais vendus à Marseille qui remplit ses greniers et se vit dans l'impossibilité de payer son dû, ses charges ne cessant de croître, « la cessation de tout travail ayant réduit à la mendicité plus de 6 000 familles qu'il faut nourrir et empêcher de mourir de faim ou de se mutiner ». De plus, il ne suffisait pas d'avoir des stocks, il fallait aussi avoir des gens de métier : meuniers, boulangers, bouchers. Tous ceux-ci firent défaut car ils avaient pris la fuite malgré la peine de mort dont on les menaçait. En septembre 1720, il ne restait plus que 3 meuniers, 10 boulangers et 3 bouchers ! La viande d'ailleurs manqua, les besoins étant chaque semaine de 800 moutons et de 600 agneaux pour fournir des bouillons aux malades et pour donner 200 grammes de « chair » aux 3 500 personnes assistées quotidiennement d'août à octobre 1720 ; 800 grammes de pain leur étaient également offerts. La ville dut donc s'endetter, comme elle ne l'avait jamais fait auparavant, auprès de la caisse des monnaies de Provence, auprès de grands financiers, Samuel Bernard et les frères Pâris, auprès de ses fournisseurs et de particuliers. L'emprunt à 5 % lancé début août 1720 ne rapporta rien. Les dons divers ne parvinrent pas à combler le gouffre de ses créances d'autant que, son activité ayant cessé, la perte sèche due aux impôts qui ne rentraient plus fut estimée à 500 000 livres. Or le montant de dépenses provoquées par la peste correspondait à ce chiffre justement. Une fois l'épidémie passée, la peste coûta à Marseille un cinquième de ses revenus pendant dix ans. Le roi lui accorda un délai de quinze ans pour payer son retard d'impôts.

La paralysie du port engendra de nombreuses misères chez les pêcheurs, les marins, les portefaix et la fermeture de la plupart des fabriques. En 1718, douze bateaux, en 1719 quinze autres, avaient été construits dans le chantier naval qui n'en fournit que 4 en 1720 et 2 en 1722 ! En 1721, on revendit trois fois moins de navires qu'en 1719 ! Pendant l'épidémie, Marseille perdit le monopole du commerce avec le Levant au profit de Sète, sa rivale. C'est pourquoi, dès les premières défaillances de la peste, les autorités municipales clamèrent « que la communication avec Marseille n'était plus dangereuse et qu'il serait à propos de rassurer tout le monde là-dessus ». Les activités du port reprirent, les négociants reconstituèrent leurs stocks mais la rechute du printemps 1722 compromit ce retour à l'expansion. L'ensemble de la cité et de son port furent bloqués à nouveau, gelant les capitaux des négociants. Par ailleurs la désinfection générale de 1722 pendant laquelle 13 000 « balles » de laine, plusieurs « ballots » de soie, dont la valeur était estimée à 5 millions de livres, furent exposées au soleil et aux intempéries, provoqua la ruine d'une centaine de commerçants. Les hommes d'affaires les plus puissants et les mieux organisés ne furent pas gênés par la peste. Ils continuèrent en effet à gérer leurs capitaux judicieusement placés, souvent par des intermédiaires lyonnais, dans les grands ports internationaux qu'étaient alors Amsterdam, Livourne, Gênes, Smyrne. Néanmoins, la seule comptabilité connue pour le temps de peste comporte une interruption totale entre août 1720 et avril 1721. Les relations commerciales reprirent à partir de janvier 1723. Le 22 de ce mois-là, la liaison avec les Antilles fut rétablie, en mars celle avec l'Europe septentrionale, en mai avec le Levant, Sète s'inclinant devant Marseille. Fin juin, la quarantaine imposée par terre et par mer aux marchandises fut définitivement levée. En juillet, le commerce reprit avec l'Espagne, l'Italie et la foire de Beaucaire ressuscita, symbole même de la reprise économique.

AUTRES CONSÉQUENCES

En ce siècle des Lumières la foi demeurait vive chez certains qui considéraient ce retour à la vie comme étant une grâce de Dieu mais le fanatisme et la superstition des siècles antérieurs n'avaient plus cours. Par contre, la psychologie des temps de peste restait la même qu'auparavant. Des extravagances notables se manifestèrent tels ces deux membres de la famille Portalis qui, atteints du mal, s'enivrèrent puissamment et, selon la rumeur, en guérirent ; tel autre, dans le délire, se jeta dans les eaux de l'écluse d'un moulin et en sortit plein de santé ; une malade, refusant de se faire approcher par son époux, s'attacha à une corde pour qu'il puisse évacuer son corps sans le toucher. On rapporte encore que les liens familiaux disparurent : « des parents inhumains en qui la frayeur du mal étouffait tous les sentiments de la nature, mettaient dehors leurs enfants avec un vieux haillon, devenant par cette dureté barbare les meurtriers de ceux à qui auparavant ils se glorifiaient d'avoir donné la vie ». A la lâcheté des uns s'ajoutait l'immoralité des autres, « l'on voyait parmi le peuple un débordement général, une licence effrénée, une dissolution affreuse ».

Certains corbeaux exigèrent jusqu'à 25 livres pour enlever les morts ou les enterrer alors qu'ils étaient déjà payés par la municipalité. Les médecins furent insultés, « les uns comme ayant voulu dissimuler la maladie, les autres s'étant plu à propager des craintes sur son existence ». Dans son traité de la peste édité à Paris en 1722, Philippe Hecquet remarquait : « quoi de plus capable d'entretenir ces frayeurs que la vue, cérémonial lugubre, de ces maisons, de ces boutiques tristement placardées de croix, de ces médecins habillés comme des mascarades. En aurait-il fallu davantage pour causer la mort de tant d'hommes glacés de crainte et abattus de peur ? ». De son côté, Chicoyneau envoyé au secours des Marseillais par le premier médecin du roi, Chirac, son beau-père, écrivait au doyen du collège des médecins de Lyon le 10 décembre 1720 : « La crainte et la terreur sont toujours une des principales sources de mortalité en période de peste. Cependant, les pauvres, à cause de leur vie malheureuse, redoutent peu la mort mais n'en sont pas moins les premiers attaqués comme d'autres qui soignent avec courage et intrépidité les pestiférés. »

Quant aux grandes figures qui présidèrent au destin de Marseille pendant l'une des plus sombres épopées de son histoire, elles échappèrent à la mort grâce à leur monture ; on avait alors remarqué « qu'un cheval ne prend pas la peste et par conséquent ne la communique pas ». Louis XV honora le bailli de Langeron en lui confiant la charge de lieutenant général de ses armées avec 12 000 livres d'appointements. Il anoblit les échevins Moustier, Estelle, Dieudé, Audimar et leur offrit de bonnes gratifications. Le chevalier Roze reçut l'office de capitaine d'infanterie et les trois médecins montpelliérains : Chicoyneau, Verny, Deydier, des lettres de noblesse et une pension de 2 000 livres chacun. Le roi confia à de Belzunce l'administration de l'abbaye Saint-Arnould de Metz qu'il dirigea sans quitter Marseille. Après trois ans de prison, Chataud revint parmi les siens : fut-il particulièrement chanceux ou spécialement bien protégé ?

A l'orée du XVIIIe siècle, les Lumières n'avaient pas encore opéré leurs effets dans le domaine médical et la peste fut soignée à Marseille comme depuis des siècles, sans grande efficacité. Un des plus célèbres médecins de l'époque, Chirac, suggéra de la chasser à l'aide « de violons et tambours qu'on ferait jouer dans tous les quartiers de la ville pour donner occasion aux jeunes gens de s'égayer et d'éloigner la tristesse et la mélancolie ». Le docteur Helvétius, père du grand philosophe, conseillait de fumer quelques pipes de tabac matin et soir. Plus prosaïquement, le commissaire général Roux engageait à s'isoler et à ne prendre que des aliments trempés dans une cuve remplie d'eau vinaigrée. Le ministre de la guerre recommanda à l'intendant Le Bret le remède du chirurgien Jolly dont la composition fut imprimée en 300 exemplaires par les procureurs de Provence ; ce médicament s'attaquait à « l'acide volatil qui occasionne tous les accidents de peste » ! Le docteur lyonnais Goiffon releva l'honneur de la médecine en affirmant que « des insectes venimeux, invisibles, contre lesquels les sens ne sont d'aucun usage, apportés de quelque contrée étrangère avec des marchandises d'où ils se répandent dans les airs d'une ville, produisent tous les funestes effets qu'on remarque dans la peste ». Pendant que les doctes médecins se divisaient à propos des notions de contagion et d'épidémie, la peste avait étendu ses ravages en Provence, Comtat, Languedoc.

Pamphlet

« Que la peste soit en Provence
Ce n'est pas notre plus grand mal
Ce serait un bien pour la France
Qu'elle fût au Palais royal. »

Pamphlet sur la peste de Marseille, 1720.

Tisane universelle contre la peste

Prenez deux grains d'indifférence
Autant de résolution
Dont vous ferez infusion
Avec du suc de patience.
Point de procès, point de querelle,
D'ambition, ni de faux zèle,
Demi-livre de gaieté
Deux onces de société
Avec deux dragmes d'exercice ;
Aucun excès, point d'avarice ;
Un bon grain de dévotion,
Point de nouvelle opinion.
Vous mêlerez le tout ensemble,
En l'infusant, si bon vous semble
Avec deux doigts du meilleur vin
Que vous prendrez chaque matin
Vous verrez que cette pratique
Aux médecins fera la nique !

Poème marseillais, 1720.

La diffusion de la peste

« La peste est un ennemi difficile à vaincre. »
Dupont, « Relation de la peste », 1720.

LE CORDON SANITAIRE

Dès le 31 juillet 1720, le Parlement d'Aix avait défendu toute relation avec la cité phocéenne. L'arrêt du Conseil d'État du 14 septembre suivant renforça cette mesure et interdit de franchir le Verdon, la Durance, le Rhône sans certificat sanitaire. Depuis le 1er août les ports de Marseille et de Toulon étaient bloqués par une escadre empêchant les entrées et sorties de navires tandis que le Comtat Venaissin faisait garder militairement cinq passages sur la Durance occidentale. Les soldats des régiments de Brie et de Flandre furent relayés par ceux du régiment d'Artois venant d'Embrun et par un bataillon d'arquebusiers arrivé du Roussillon pour la surveillance de Marseille et de son terroir. Mais à ce premier cordon sanitaire succéda bientôt un deuxième beaucoup plus large.

En effet, l'État prit alors en main la question de la peste. Pour la première fois en France la lutte contre la peste eut une dimension nationale, le plus haut intérêt de l'État étant de limiter l'extension de l'épidémie. Sept régiments des troupes régulières et quatre des milices bourgeoises locales, soit en tout 8 800 hommes, surveillèrent les frontières de la peste fixées au nord par le comte de Medavy, commandant du Dauphiné, et à l'ouest par le duc de Roquelaure, gouverneur de Languedoc. La Durance était gardée depuis Embrun jusqu'au Rhône, lui-même objet d'observations attentives depuis Viviers jusqu'à son delta. Ainsi la Provence était complètement isolée. De Roquelaure et de Bernage, intendant de Languedoc, placèrent des vigies le long du littoral des Saintes-Maries-de-la-Mer jusqu'à la pointe de Leucate. Installés dans des postes de guet, cabanes ou bastides réquisitionnées, soldats et civils en armes avaient ordre de tirer sur quiconque cherchait à franchir les lignes ou à aborder sur le rivage. Par ailleurs, les déserteurs ou fuyards éventuels étaient irrémédiablement tués par les paysans méfiants de l'autre côté des lignes. En octobre on supprima le cordon de Marseille qui n'avait plus aucune utilité, on envoya les soldats faire quarantaine à Aix. Le cordon extérieur fut renforcé de 5 000 hommes. Le pouvoir décida aussi de construire le célèbre mur de la peste. Les travaux commencèrent en mars et s'achevèrent en août 1721. Il s'agissait d'une muraille haute de 2 mètres précédée d'un fossé également large et profond de 2 mètres. Elle s'étendait sur 100 kilomètres depuis Bonpas sur la Durance jusqu'à Sisteron en passant par la montagne de Gordes et près de l'abbaye de Sénanque. A mesure que l'épidémie étalait ses ravages, le cordon reculait ; de nouveaux régiments remplaçaient les premiers dont les survivants partaient en quarantaine. Orange s'entoura d'un rempart de 2 mètres de hauteur, précédé d'une douve. Pendant l'été 1721, le roi ordonna l'établissement d'un autre cordon sanitaire et militaire autour du Languedoc, du Rouergue, du Vivarais menacés par l'invasion pestilentielle. Fin août 33 000 fantassins et 3 000 cavaliers, dont les hussards hongrois de l'escadron de Berchiny rentrant de Turquie, veillèrent aux nombreux chemins, routes, carrefours interdits entre le Rhône et l'Orb au sud, le Rhône et l'Allier au nord. A l'automne 1721, une ultime couronne enveloppa le Comtat atteint à son tour. Il fallut attendre le printemps 1722 pour que ces troupes diverses fussent licenciées après leurs quarantaines.

« Si le théâtre essentiel est comme la peste, ce n'est pas parce qu'il est contagieux, mais parce que comme la peste il est la révélation, la mise en avant, la poussée vers l'extérieur d'un fond de cruauté latente par lequel se localisent sur un individu ou sur un peuple toutes les possibilités perverses de l'esprit. Comme la peste il est le temps du mal, le triomphe des forces noires, qu'une force encore plus profonde alimente... La peste est un mal supérieur parce qu'elle est une crise complète après laquelle il ne reste rien que la mort ou qu'une extrême purification. »

A. Artaud, Le théâtre et la peste, in *Nouvelle revue française,* 1934 © Gallimard.

Mais la rechute de 1722 obligea à former un nouveau blocus long de 60 kilomètres autour de Marseille et son terroir. Quatre-vingt-dix-huit postes de garde tenus par des soldats et des civils surveillèrent cette nouvelle barrière, levée en décembre 1722. La peste avait donc été traitée comme un ennemi redoutable contre lequel l'armée était partie en campagne.

L'INVASION DU SUD-EST

Malgré la volonté militaire royale, la peste envahit le sud-est du pays mais s'y limita. Au début, sa diffusion eut pour vecteurs des tissus passés en fraude depuis des lieux contaminés pour être revendus dans les lieux sains. Ainsi en août 1720, pendant que l'épidémie faisait rage à Marseille, des contrebandiers y dérobèrent des indiennes qu'ils revendirent à Aix immédiatement infectée. Son premier consul, de Vauvenargues, reçut du roi la charge de commandant de la ville et de son terroir avec des pouvoirs exceptionnels qui lui permirent d'accumuler des réserves alimentaires, de nommer des commissaires de santé dans les 5 quartiers aixois, d'utiliser des forçats comme corbeaux, de réquisitionner tous les couvents, d'établir 4 hôpitaux pour les malades et 2 pour les convalescents. Néanmoins, au cours de l'hiver 1721-1722, la ville perdit un tiers de sa population soit 7 500 personnes. L'assemblée des États de Provence d'abord réunie à Aix, puis à Saint-Rémy, puis à Tarascon, puis à Frigolet, puis à Barbentane au gré de la progression du mal, avança la moitié de l'argent dont Aix-en-Provence eut besoin. La ville dut ensuite rembourser cette dette. Par ailleurs, cette

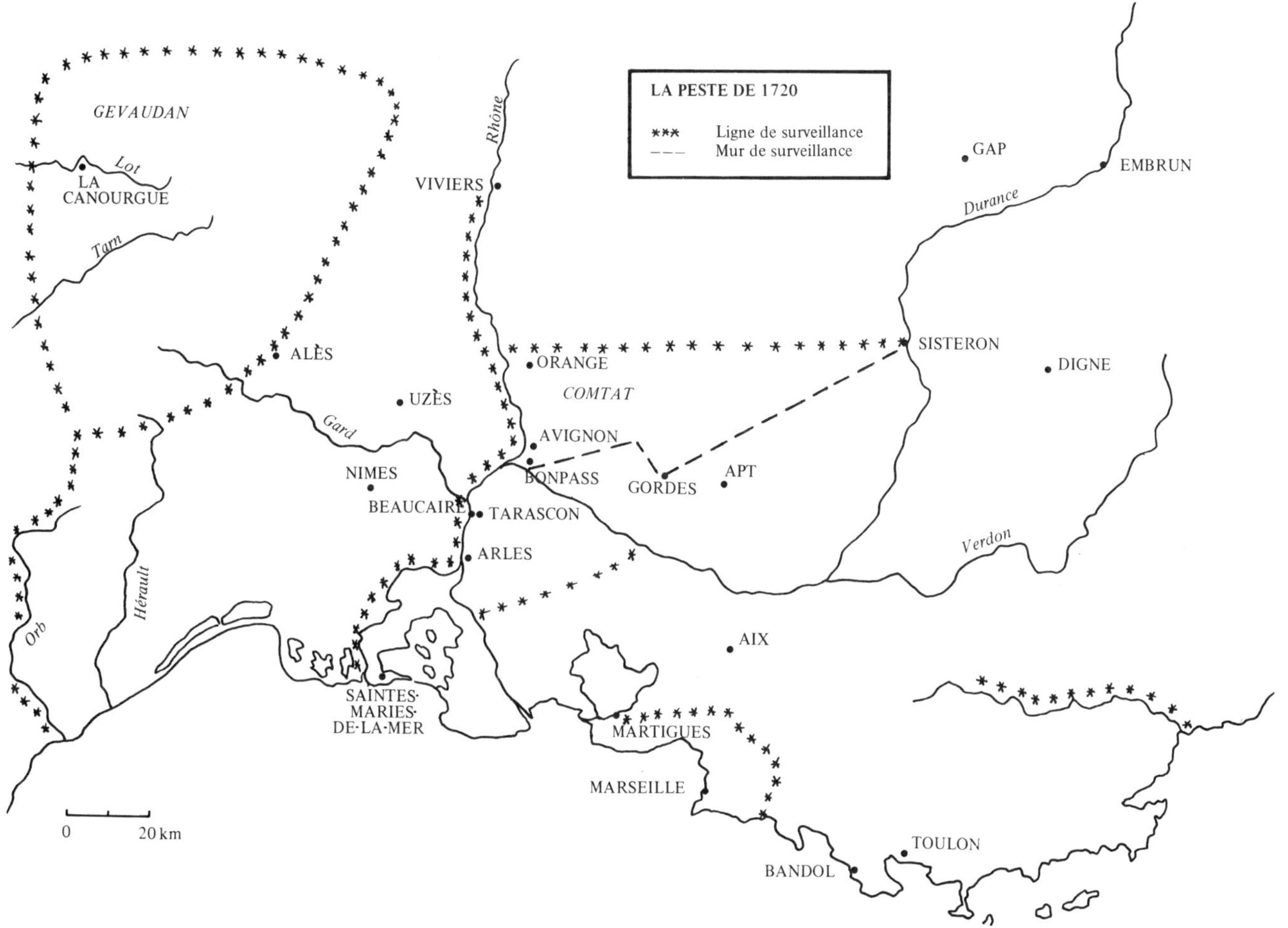
LA PESTE DE 1720
*** Ligne de surveillance
--- Mur de surveillance
GEVAUDAN
Lot
LA CANOURGUE
Tarn
VIVIERS
Rhône
GAP
EMBRUN
Durance
SISTERON
DIGNE
ORANGE
COMTAT
ALÈS
UZÈS
Gard
AVIGNON
BONPASS
GORDES
APT
NIMES
BEAUCAIRE
TARASCON
ARLES
Verdon
Hérault
Orb
AIX
SAINTES-MARIES-DE-LA-MER
MARTIGUES
MARSEILLE
TOULON
BANDOL
0
20 km

assemblée mit la totalité de ses ressources soit 1 300 000 livres au service des communautés atteintes par la peste, au fur et à mesure de leurs nécessités. La Provence succomba en effet toute entière au feu de la peste.

En août 1720 également, un chapelier et sa famille, fuyant Aix contaminée, vinrent chercher refuge à Apt tandis que des cotonnades arrivées clandestinement de Marseille y étaient négociées. Le pays d'Apt fut donc infecté jusqu'en février 1721, mais ne perdit que 5 % de sa population (271 personnes). La ville se voua à sainte Anne qu'elle fêta désormais processionnellement le 26 septembre de chaque année.

En septembre 1720, un habitant de Bandol vint par mer voler des soieries apportées par le *Grand-Saint-Antoine* et exposées à l'île de Jarre. Il communiqua ainsi la peste à Bandol puis à Toulon où le mal s'apaisa après avoir fait 35 victimes. En janvier, un Toulonnais vint à Aix acheter de chauds textiles pour ses concitoyens à qui il apporta à nouveau l'épidémie. Dupont, nommé commandant de Toulon, fit isoler les mendiants dans un vaisseau échoué près du Mourillon ; les citadins furent parqués dans leurs quartiers respectifs pendant plus de dix mois, nourris par des « pourvoyeurs » et contrôlés par des commissaires. Comme à Marseille, les forçats des galères remplirent les fonctions de corbeaux. Ces hommes ensevelirent 2 à 300 personnes par jour en avril. En mai, la ville « ne paraissait plus habitée, l'herbe croissait dans les rues, le boulanger ne trouvait plus à vendre son pain, la viande séchait et pourrissait sur les étaux ». La municipalité avait réquisitionné toutes les ressources de l'Arsenal, tous les couvents ; six hôpitaux ne suffirent pas à contenir les malades, il fallut improviser un hôpital sous des tentes.

Marseille convalescente envoya cent de ses galériens pour ramasser les cadavres qui s'entassaient dans les rues. Toulon et son terroir perdirent plus de la moitié de leurs habitants [1]. Le blocus de ces lieux fut levé en février 1722, leurs dettes s'élevaient à 350 000 livres. Arles avait été contaminée en novembre 1720 par un contrebandier ayant vendu des marchandises venant de Marseille. Le quartier des Arènes, le premier atteint, fut muré. En janvier, des soldats cernèrent la ville. En juin, elle totalisait 4 000 victimes dont la plupart de ses dirigeants. A cette date, une manifestation de la faim souleva 3 000 personnes ; le marquis de Caylus, lieutenant général des armées du roi, fit fusiller 3 meneurs et disperser les émeutiers. En septembre Arles, la Camargue et la Crau avaient perdu un tiers de leurs occupants soit 10 210 personnes. En deux ans, de 1720 à 1722, 76 localités provençales connurent 255 jours d'épidémie en moyenne et la Provence perdit 37 % de sa population soit 105 866 personnes. Le régent du royaume avait exhorté tous les évêques à organiser des quêtes pour aider cette province malheureuse.

Faisant fi des barrières, la peste pénétra dans le Comtat et dans la principauté d'Orange en septembre 1720. Elle provoqua un scandale en Avignon où des infirmières jouèrent à saute-mouton avec des cadavres de pestiférés ! Le mal demeura dans ces deux régions jusqu'en 1722, emportant un tiers des occupants des terres pontificales et beaucoup moins de ceux de la principauté voisine [2]. La marche damnée ne s'arrêta pas là. Au printemps 1721,

1. Toulon perdit 13 283 habitants et son terroir : 3 803.

2. Avignon eut 7 224 morts et Orange 401. Le Comtat et la principauté eurent 8 062 morts en tout.

le Gévaudan était atteint puis à l'automne, 30 paroisses du diocèse de Mende. Deux d'entre elles furent des communes martyres : Corréjac incendiée par la volonté du maréchal de Berwick chargé d'enrayer la propagation de l'épidémie, et La Canourgue où le taux de mortalité fut de 60 % ! Une chute de neige à la fin novembre obligea beaucoup de pauvres hères à se réfugier dans des maisons abandonnées parce que contaminées, et ainsi la peste se répandit de proche en proche. De novembre 1721 à février 1722, le diocèse de Mende perdit 41 % de sa population ; de septembre 1721 à mai 1722, celui de Viviers vit disparaître 29 % de ses habitants, celui d'Uzès 11 %, celui d'Alès 6,6 % seulement [1]. En juillet 1722, une quarantaine générale obligea les Languedociens des paroisses contaminées à s'enfermer chez eux. Des provisions leur avaient été fournies pour quarante jours. Deux fois par semaine, on leur livrait 750 grammes de pain et 250 grammes de viande par personne. Nîmes fut épargnée. Tarascon se recommanda à sainte Marthe en l'honneur de laquelle elle promena la tarasque [2].

La peste du siècle des Lumières avait frappé 146 localités et tué 120 400 personnes dont les trois quarts vivaient dans des villes de plus de 10 000 habitants.

Le roi, compréhensif, repoussa la levée de 4 millions de livres d'impôts en Provence et de 1 million en Languedoc pour permettre aux deux provinces de se guérir de ce traumatisme psychique, démographique et économique. La peste avait d'ailleurs été pour lui une occasion d'accroître son autorité et de centraliser le royaume : le Parlement de Provence avait dû s'effacer devant le pouvoir

1. Le Languedoc enterra 6 500 personnes mortes de la peste.
2. Tarasque : monstre dont sainte Marthe délivra Tarascon, selon la légende. La ville en possédait une représentation.

militaire installé dans chacune des villes pestiférées. L'organisation sanitaire générale avait été décidée à Versailles de même que c'est de Versailles qu'était parti l'ordre de recenser les populations avant et après le passage de la peste.

En février 1723, toutes les lignes de contrôle furent levées. Dans un élan de reconnaissance, toute la France célébra solennellement la victoire sur la peste : les cathédrales retentirent de glorieux *Te Deum*. Le royaume fêtait une des premières conquêtes biologiques du siècle des Lumières.

LA PESTE INSPIRATRICE

Une fois encore la peste suscita la créativité artistique.

La Provence et le Comtat conservent une trentaine de chapelles commémoratives de la peste de 1720. La plupart d'entre elles sont vouées à saint Roch. Quelques-unes avaient été construites au XVIIe siècle et furent restaurées au XVIIIe. Une dizaine, édifiées pour cette grande peste, sont consacrées soit à la Vierge comme Notre-Dame-de-la-Garde à Apt, Notre-Dame-du-Pont à Bollène, Notre-Dame-la-Brune à Mazan, Notre-Dame-de-Liesse à Modène, soit à des saints patrons locaux comme Sainte-Anne à Apt et à Courthezon, Saint-Siffrein à Séguret, Saint-Quenin à Vaison. De nombreuses communautés ont élevé des oratoires aux bords des chemins, des croix et des statues dans les églises. Certains ex-voto demeurent gravés dans le marbre ou dans la pierre depuis 1720. Arles, dans l'allée des Alyscamps, possède une pyramide sépulcrale élevée par l'architecte J. Guibert en mémoire des consuls et des

J. R. Jugen. inv. et Sculp.

Veuë de l'hôtel de Ville de

Dessiné sur le_

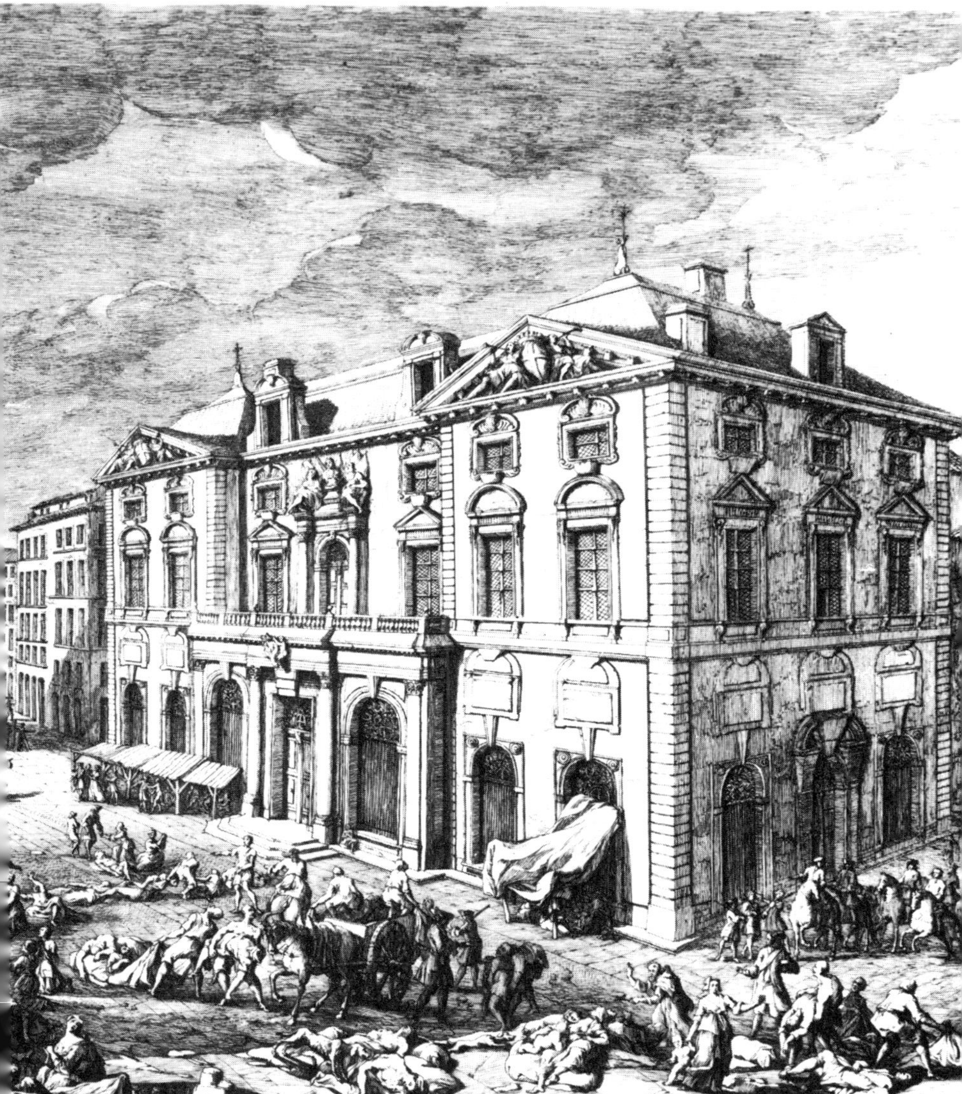

seille, et d'une partie de son Port
dant la peste arrivée en 1720.

prêtres morts au service des pestiférés. A Saint-Martin-de-Castillon se dresse une mystérieuse tour des pestiférés. Une fontaine de la peste, curieusement ornée d'un masque de théâtre grec, apporte de la fraîcheur au jardin de l'hôpital de Ménerbes. Le mur de la peste subsiste entre les fermes la Cornerette et la Pouraque sur les communes de Vénasque et de Gordes.

Plusieurs artistes ont laissé des témoignages de ce qu'ils avaient vu : Michel Serre (1658-1733), peintre des galères du roi, a restitué avec une vérité bouleversante le drame auquel il assista chaque jour de l'été 1720, sur une toile de 2,77 sur 3 mètres. On y voit des cadavres accumulés devant l'Hôtel de Ville marseillais ; des corbeaux, surveillés par des gentilshommes montés, ramassent les morts à l'aide de crochets ou de grands draps, des charrettes emportent les corps. Ce tableau est un instantané résumant la tragique situation de Marseille à l'apogée de sa souffrance. Ce peintre a également représenté, sur une gravure, l'évêque en train de bénir des pestiférés agonisant dans une rue. Un autre contemporain de cette catastrophe, Jean-Baptiste de Troy (1679-1752), immortalisa le courage de Roze incitant les galériens à dégager 2 000 cadavres entassés à La Tourette. De même, Paulin Guérin a peint le chevalier transportant un corps dans une atmosphère de puanteur évoquée par le geste d'un personnage du second plan qui se bouche les narines. Le graveur Hyacinthe Rigaud a représenté le Cours encombré de morts, des draps tendus entre les arbres servent d'abri, deux corps sont précipités par les fenêtres à l'aide de cordes. Dans sa « Vue du port prise de l'Hôtel de Ville », l'artiste traduit le même désarroi, la même détresse, le même enfer. Beisson, un autre graveur, campe de

Belzunce officiant à l'entrée du Cours, dans un classicisme rigoureux.

La chapelle de Notre-Dame-de-la-Garde à Apt conserve deux tableaux sur lesquels ses consuls de 1720 implorent saint Elzéar et sainte Delphine ; C. Delpech a peint ces trois notables invoquant sainte Anne. Dans la cathédrale de Carpentras, une peinture votive représente le « saint mors » forgé, selon la légende, dans un clou de la vraie croix du Christ. Pendant cette peste de 1720, des orfèvres ne cessèrent de fabriquer des répliques de cet objet dans les métaux les plus précieux. On portait ces bijoux en pendentifs prophylactiques de la peste. L'hôpital de Saint-Andéol possède un portrait du couple royal remerciant Dieu d'avoir éloigné la peste du royaume. De nombreuses relations retracent tout aussi authentiquement la tragédie de 1720 dans la France méridionale.

« Pour le moment, notre danger n'est pas pressant. Nous jouissons ici d'un air excellent, parce que nous sommes au plus haut de la ville et qu'il est souvent purifié par le mistral. Mais nous devons prendre un certain nombre de précautions. Par exemple, nous ne laisserons pas les enfants sortir des jardins qui sont adossés à la colline, et où aucune personne étrangère ne pourra leur apporter la contagion.

Nous-mêmes, ainsi que nos femmes, nous ne descendrons plus à la ville, sauf en cas de nécessité, et nous n'irons en aucun cas dans les quartiers qui entourent le port... Enfin, tous ceux qui auront été obligés de quitter notre placette pour aller à leurs affaires devront dès leur retour prendre un bain d'eau vinaigrée et se savonner du haut en bas, très consciencieusement... ».

(...)

« Deux hommes, vêtus de longues blouses grises, le visage caché sous une cagoule et les mains gantées de noir, marchaient les premiers. Leur main droite dressait une torche, leur main gauche agitait sans arrêt une clochette de cuivre. Derrière eux, on entendait grincer des essieux, et sonner sur le pavé les fers des chevaux... Tout le monde fut bientôt aux fenêtres, et l'effrayant cortège défila longuement... Sur le dernier véhicule, assis à l'arrière et adossé à un tas de cadavres, il y avait un mort tout habillé, en redingote de chasse, avec des bottes de cuir bleu, et un jabot de dentelle blanche sous un menton noir comme du charbon... ».

(...)

« La vie des reclus s'organisa avec une rigueur presque militaire. Les glas, qui avaient remplacé l'Angelus, les réveillaient au premier soleil, et la journée commençait par l'examen de tous les membres de la colonie, qui défilaient devant le médecin, installé sous le grand figuier du notaire. La fièvre la plus légère était suspecte, le moindre bobo paraissait promesse de bubon. On isolait aussitôt le malade dans une cave repeinte à neuf, et on le baignait de vinaigre comme un cornichon : il n'en sortait qu'au bout de trois jours. »

M. Pagnol, *Le temps des amours*, Julliard, 1977.

La peste au XXe siècle

La grande épidémie de Marseille ne fut cependant pas la dernière des pestes françaises. Au lendemain de la Première Guerre mondiale en effet, des cas de peste se manifestèrent à Marseille et à Paris.

Pendant l'été 1920 à Marseille, il fallut incendier des maisons insalubres rue Fauchier où la maladie était apparue. Dans les baraques de l'enclos de la Villette, le service d'hygiène de la ville découvrit douze pestiférés dont quatre décédèrent. Il interdit la foire aux puces dominicale de ce quartier. Le secteur voisin de Menpenti abrita également dix malades dont deux périrent. Douze chiffonniers de l'impasse Larrey furent également contaminés. A grand renfort de désinfection et de dératisation, les responsables de la santé publique enrayèrent facilement l'épidémie qui fut plus importante et tenace à Paris.

En effet, de juin à novembre 1920 le médecin chargé des épidémies à la préfecture de police parisienne découvrit 79 cas de peste dont 53 en banlieue et 26 dans la capitale ; 27 personnes en moururent. La maladie s'était déclarée chez les chiffonniers qui vivaient dans des taudis installés dans les fortifications septentrionales de Paris. « La zone » était alors un repaire de rats. Ces derniers furent, avec les veillées mortuaires, les grands responsables de la contagion. De Clichy et Saint-Ouen, où le dépôt d'ordures ménagères « à la broyeuse » attirait de nombreux chiffonniers, la peste passa à Levallois-Perret, Bagnolet et dans le XVe arrondissement en août, à Pantin et dans le XVIIIe en septembre, dans les IIe, XVIIe, XIXe et XXe arrondissements en octobre, à Nanterre, Montreuil, Villeneuve-la-Garenne en novembre. On observa le plus grand silence sur les deux cas qui se déclarèrent parmi les employés d'un hôtel de la rue de la Paix ! On parlait d'ailleurs de la maladie numéro 9 et non de la peste dont le seul nom aurait provoqué des paniques. La ville de Paris s'empressa d'organiser une chasse aux rats avec primes, ce qui eut pour conséquence de voir se développer des élevages discrets de ces rongeurs ! Jusqu'en 1926 cependant des rats pesteux traînèrent dans la ville. Cette épidémie provoqua un réveil du vieil antisémitisme caché. Le 3 décembre 1920, au Sénat, Gaudin de Vilaine dénonçait « les grands sémites... métèques de deuxième zone véhiculant avec eux le microbe anarchique » tandis que François Albert remarquait que « les juifs apportent avec eux des tracts révolutionnaires et des insectes malfaisants » ! Une fois de plus la peste traduisait la pérennité des attitudes humaines.

Dans les mœurs actuelles, des traditions tenaces ont conservé le souvenir de la peste. Ainsi, chaque année, le troisième dimanche après Pâques, Fréjus honore le

La peste au XXe siècle

souvenir de saint François de Paule qui, en 1483, lui promit de l'exempter à jamais de l'infection. Épargnée lors des violentes épidémies de 1629 et de 1720, la ville commémore toujours le débarquement de François sur ses terres par la fête votive de la « Bravade » où se manifestent des braves, armés. En Haute-Loire, le jeudi saint, Saugues se souvient d'un vœu, formulé lors de la peste de 1721, par une procession nocturne de pénitents dont l'un porte une lourde croix de bois. Les habitants du bourg et des campagnes environnantes se joignent aux membres de la confrérie pénitentielle, vêtus de blanc, pieds nus, les visages cachés sous des cagoules, pour prier devant les niches de Saint-Roch et de la Vierge.

Par les comportements qu'elle a toujours suscités, la peste est un des éléments fondamentaux de notre culture, elle appartient à notre patrimoine historique. Après avoir fait trembler des générations d'hommes et de femmes, sera-t-elle demain l'arme bactériologique destructrice d'un monde qui ne pouvait l'oublier ?

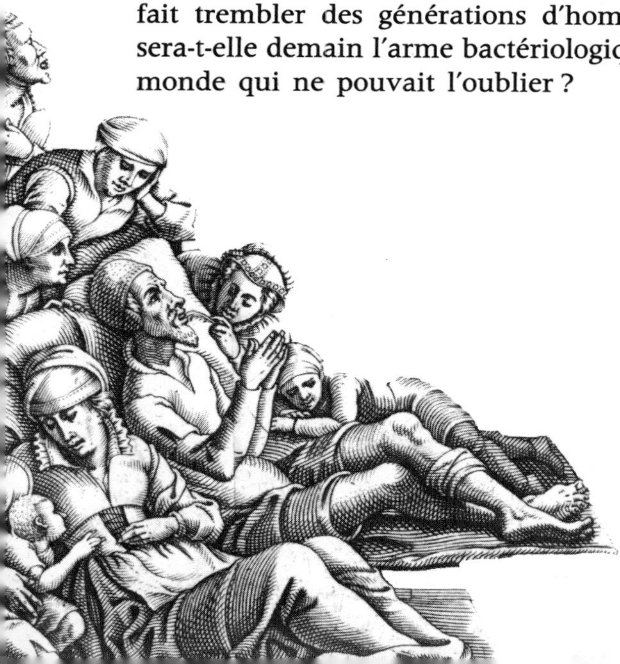

Guide de lecture

Les publications sur la peste ne manquent pas. Néanmoins une seule représente un travail de synthèse indispensable à une étude approfondie du sujet : il s'agit de la thèse de J.-N. Biraben : *Les hommes et la peste en France et dans les pays méditerranéens* (2 volumes, Paris, Mouton édit., 1976). Cet ouvrage, d'une immense richesse et qui comporte une très importante bibliographie, insiste beaucoup sur les conséquences démographiques de ces épidémies.

A l'Institut Pasteur de Paris, le professeur H.-H. Mollaret et Mme J. Brossollet ont constitué une bibliothèque et un fonds iconographique exceptionnels, réservés aux historiens, chercheurs, médecins et enseignants. Eux-même ne cessent d'écrire sur l'histoire de la peste : *La peste, source méconnue d'inspiration artistique* (Anvers, 1965), *A propos des pestiférés de Jaffa* (Anvers 1968), *Sur la mort de Saint Louis* (Presse médicale, 1966), *La Vierge au manteau protecteur contre les flèches de pestilence* (Médecine de France, 1971), *Quelques aspects religieux de la grande peste du* XIVe *siècle* (Revue d'Histoire et de Philosophie religieuses, 1984) sont quelques-uns des articles de H.-H. Mollaret et J. Brossollet qui, d'autre part, publient une biographie : *Alexandre Yersin* (Fayard, coll. « Les Inconnus de l'Histoire », 1985).

De nombreux ouvrages sur l'histoire de la médecine et des maladies sont également à consulter ; tout spécialement : *Histoire de la Médecine* de Bariéty et Coury (Fayard, 1963), *Destin des maladies infectieuses* de Charles Nicolle (Masson, 1961), *Itinéraires de contagion* d'A. Siegfried (Colin, 1960), *Les épidémies et l'histoire* de Colnat (Le François, 1937), *Le temps de la peste* de W. H. McNeil (Hachette, 1976), *Ces maladies qui ont changé l'histoire* de F. Cartwright (Elsevier, 1974), *Malades d'hier, malades d'aujourd'hui* de C. Herzlich et J. Pierret (Payot, 1984), *Les épidémies dans l'histoire de l'homme* de J.-Ch. Sournia et J. Ruffié (Flammarion, 1984).

Dans *La peur en Occident* (Fayard 1978) J. Delumeau aborde les problèmes psychologiques engendrés par les pestes. R. Baehrel voit une similitude dans les réactions humaines entre *Épidémie et terreur révolutionnaire* (Annales de la Révolution française 1951).

P. Richer dans *L'art et la médecine* (1902) et plus récemment F. Culioli Bodard dans sa thèse (1977) mettent en évidence l'impact des pestes dans l'art et la littérature.

Les ouvrages de grands historiens contemporains ont aidé à tisser la toile de fond de ce livre : *La civilisation de l'Europe classique* (Arthaud 1966) et de *l'Europe des lumières* (Flammarion 1982) de P. Chaunu, *Précis d'histoire moderne* (PUF 1971) et *La France de 1492 à 1789* (PUF 1972) d'A. Corvisier, *La guerre de cent ans* de J. Favier (Fayard 1980), *Les paysans de Languedoc* de E. Le Roy Ladurie (Flammarion 1969), *Introduction à la France moderne* de R. Mandrou (Albin Michel 1974), *La guerre de trente ans* de V.-L. Tapié (C.D.U. 1964-1965).

La peste noire a donné lieu à de nombreuses parutions en son temps. G. Boccaccio dans *Le Décaméron* (Garnier 1952) a très exactement décrit les attitudes de ses contemporains devant la peste à Florence, l'isolement de dix jeunes gens est à l'origine des contes racontés quotidiennement. *La grande chirurgie* (Alcan 1890) de G. de Chauliac témoigne d'une rigueur scientifique extrême. Les poèmes de G. de Machaut : *Le jugement du roi de Navarre* (Hoepffner 1908, Tome I des œuvres de G. de Machaut) et d'O. de la Haye, *Poème sur la grande peste de 1348* (Guigue Lyon 1888) sont d'une richesse documentaire extraordinaire, les auteurs y analysant les causes et les effets de la peste dans une langue ancienne colorée. Les chroniqueurs G. de Nangis et G. Li Muisis ainsi que *La relation de la peste* de Chalin de Vinario (G. Lothier Lyon 1542) confirment l'authenticité des faits rapportés par les poètes et les médecins. Par ailleurs, un grand nombre d'écrivains de l'époque contemporaine se sont intéressés à cette épidémie médiévale. A. Coville a rassemblé *Les écrits contemporains sur la peste de 1348 à 1350.* E. Carpentier s'est penché sur *Les famines et les épidémies dans l'histoire au* XIV*e siècle* (Annales E.S.C., 6, 1962). P. Gras dans *Le registre paroissial de Givry 1334-1357 et la peste noire en Bourgogne* (Paris 1939), M. Mollat dans ses *Notes sur la mortalité à Paris au temps de la peste noire d'après les comptes de saint Germain l'Auxerrois* (Paris 1963), R. Mols avec son *Introduction à la démographie historique des villes d'Europe du* XIV*e au*

XVIIIe siècle (Louvain 1955), Y. Renouard dans l'article de la revue *Population* (3, 1948) étudièrent les effets démographiques de la peste noire. Plusieurs auteurs se sont également préoccupés de ses conséquences économiques : H.-B. Allyn *La mort noire. Ses résultats sociaux et économiques* (Annales of medical history 1925), H. Dubled dans *Conséquences économiques et sociales des mortalités du XIVe siècle* (Revue d'histoire économique et sociale n° 3, 1959), E. Perroy *A l'origine d'une économie contractée, crises du XIVe siècle* (Annales E.S.C. n° 1, 1949). D'autres ont étudié la question des semeurs de peste : S. Guerchberg *La controverse sur les prétendus semeurs de peste noire d'après les traités de peste* (Revue des études juives VIII, 1948), H. Wickersheimer *Les accusations d'empoisonnement portées pendant la première moitié du XIVe siècle contre les lépreux et les juifs* (Congrès d'histoire de la médecine 1923).

Pour la période qui s'étend du XVe siècle à la fin du XVIIe siècle, les écrits abondent. Nous retiendrons d'abord quelques traités de peste. A. Chereau *Les ordonnances faites et publiées à son de trompe par les carrefours de cette ville de Paris pour éviter le danger de peste en 1531* (Paris 1873), K. Digby *Remèdes souverains et secrets contre la peste* (Paris 1684), P. Hassard *Traité de la peste de T. Paracelse* (Anvers Plantin 1571), J. Le Paulmier *Bref discours... sur la peste* (Angers 1584), A. Paré *Traité de la peste, de la petite vérole et de la rougeole* (Paris 1568), Cl. Rubys *Discours sur la contagion* (Lyon 1577).

Les monographies sont tout aussi nombreuses, nous ne citerons que les plus complètes : E. Baratier *La démographie provençale du XIIIe au XVIe siècle* (Paris 1960), H. Bon *Essai historique sur les épidémies en Bourgogne* (1912), L. Boucher *La peste à Rouen aux XVIe et XVIIe siècles* (Rouen 1897),

E. Chavant *La peste à Grenoble de 1410 à 1634* (Paris 1903), M. Fosseyeux *Les épidémies de peste à Paris* (Bulletin de la société d'histoire de la médecine, Paris, 1913), Ch. Gros *Histoire de la Maurienne* (Chambéry 1946), F. Lebrun *Les hommes et la mort en Anjou aux XVIIe et XVIIIe siècles* (Mouton 1971), M. Lucenet *Lyon malade de la peste* (Sofédir 1981), F. Sauve *Les épidémies de peste à Apt* (Annales de la société d'études provençales Aix 1905), R. Favreau *Les épidémies de peste à Poitiers et dans le centre ouest* (Thèse de l'école des Chartes 1968), J. Fournée *Les normands face à la peste dans le pays Bas Normand* (Société d'art et d'histoire 1978), A. Le Guillou *La peste en Bretagne* (Lannion 1972).

Quant à la peste de Marseille, elle a donné lieu à quantité d'ouvrages. Ceux écrits par les témoins du drame ont inspiré directement le récit de l'épidémie présenté dans ce livre : Bertrand *Relation de la peste de 1720,* F. Chicoyneau, Verny et Soulier *Relation exacte et fidèle de ce qui s'est passé de plus remarquable à Marseille au sujet de la peste* (Paris 1720), F. Chicoyneau *Relation succincte touchant les accidents de la peste de Marseille* (Pavia 1720), Goiffon *Relation et dissertation sur la peste de Gévaudan* (Lyon 1722), Hecquet *Traité de la peste* (Paris 1722), Pichatty de Croissainte *Journal abrégé de ce qui s'est passé à Marseille en 1720,* P.-H. Roux *Relation succincte de la peste de Marseille 1720-1722,* Ch. F. Senac *Traité des causes, des accidents, de la cure de la peste* (Paris 1744). Le docteur D. Alezais a publié un travail remarquable à propos de *La lutte contre la peste en Provence aux XVIIe et XVIIIe siècles* (Marseille 1920). Des monographies particulièrement intéressantes ont permis d'approfondir la question : R. Bruni *Le pays d'Apt malade de la peste* (Édisud 1980) ; C. Carrière, M. Coudurié et F. Rebuffat *Marseille, ville morte* (1968) ; L. Duhamel *Les grandes épidémies à Avignon et dans le Comtat Venaissin* (Mémoire de l'Académie du Vaucluse 1885) ; Dr J. Esteoule *L'épidémie de peste de 1720-1721 en Vivarais et Gévaudan d'après des documents inédits de l'époque* (Prix Vernois 1927), S. Gagnière et J. Sautel *Les épidémies de peste et leurs souvenirs dans la région vauclusienne* (Avignon 1941) ; P. Mouton a fait œuvre originale en s'intéressant au sort du « Grand-Saint-Antoine » et à ses vestiges actuels, il raconte sa recherche sous-marine dans *La mort venue de la mer* (Édition du Pen-Duick 1982).

Les thèses récentes de G. Gueniot Le Minor et de J. Héritier permettent de cerner la peste parisienne des chiffonniers de 1920.

De nombreux autres ouvrages et articles qu'il serait trop long d'énumérer ici ont rendu possible la rédaction de ce livre.

TABLE DES ILLUSTRATIONS

Table des illustrations

Table des matières

Dans la même collection :

M. et P. AUCANTE
Les braconniers
Mille ans de chasse clandestine

S. BIANCHI
La révolution culturelle de l'an II
Élites et peuple, 1789-1799

L. BIHL - L. WILLETTE
Une histoire du mouvement consommateur
Mille ans de luttes

B. BRIAIS
Contrebandiers du sel
La vie des faux sauniers au temps de la gabelle

H. LUXARDO
Les Paysans
Les républiques villageoises, X^e^-XIXe siècle

Rase campagne
La fin des communautés paysannes

C.C. et G. RAGACHE
Les Loups en France
Légendes et réalité

G. RAGACHE
1940
« La guerre détraquée »

J. SANDRIN
Enfants trouvés, enfants ouvriers
XVIIe-XIXe siècle

L. WILLETTE
Le coup d'État du 2 décembre 1851
La résistance républicaine au coup d'état

Achevé d'imprimer
en février 1985
par Maury-Imprimeur S.A.
45330 Malesherbes
Dépôt légal : mars 1985
N° d'éditeur : 1763
N° d'imprimeur : K84/15787

Imprimé en France